Sylvie Schenk
unter Mitarbeit von Heinz-Günter Böhne
und Friedhold Schmidt

Accès aux textes

Lehrerheft

Max Hueber Verlag

Herausgeber: Eberhard Haar · Stegaurach
Verlagsredaktion: Marie-Louise Pellicer · Ismaning
Umschlaggestaltung: Planungsbüro Winfried J. Jokisch · Düsseldorf

1. Auflage

3. 2. 1.	Die letzten Ziffern
1991 90 89 88 87	bezeichnen Zahl und Jahr des Druckes.

Alle Drucke dieser Auflage können, da unverändert, nebeneinander benutzt werden.
© 1987 Max Hueber Verlag · München
Satz: FoCoTex Klaus Nowak · 8137 Berg/Starnberger See
Druck: Verlagsdruckerei E. Rieder. Schrobenhausen
Printed in Germany
ISBN 3-19-013186-4

Inhalt

Vorwort

Der Grundgedanke bei der Erstellung dieses Lehrbuches war, zu jeder in *Accès aux textes* gestellten Frage zu den Bereichen *Compréhension, Analyse, Commentaire* und *Communication-créativité* eine Lösung bzw. Lösungsvorschläge anzubieten, um dadurch zur ökonomischen Unterrichtsvorbereitung des Lehrers beizutragen. Dabei variiert der Umfang der Antwortvorschläge: Im Bereich *Compréhension* wurden wegen der bewußten Kleinschrittigkeit gelegentlich ein oder zwei Sätze als ausreichend angesehen. Im Bereich der *Analyse* galt es hingegen, komplexere kompositorische oder stilistische Mittel ausführlich darzulegen.

Besonderer Wert wurde dabei auf vollständig ausformulierte Sätze und eine Vielfalt des Ausdrucks gelegt, was dem Lehrenden ermöglicht, bei der Arbeit mit *Accès aux textes* weitere für die Textinterpretation relevante Ausdrücke in die Unterrichtsarbeit einfließen zu lassen. Auch bei den Antwortvorschlägen zu *Commentaire* und *Communication-créativité* wurde generell Wert auf eine ausführliche Beantwortung gelegt. Lediglich bei Fragen, die sich auf den persönlichen Erfahrungsbereich der Schüler beziehen, beschränken sich die Angaben auf mögliche Denkansätze und Vorschläge für den Einstieg in eine Diskussion oder die Anfertigung einer längeren schriftlichen Stellungnahme.

Die zu den Bereichen *Commentaire* und *Communication-créativité* gestellten Aufgaben ebenso wie komplexere Fragen der Analyse dürften sich eher zur schriftlichen Bearbeitung anbieten als die Fragen zur *Compréhension*, bei denen es um die Sicherheit des globalen und detaillierten Textverständnisses geht.

Soll *Accès aux textes* lediglich als begleitendes Lehrwerk eingesetzt werden, können punktuell im Laufe der Kursarbeit in der Sekundarstufe II selbstverständlich die Texte auch an bestimmte Themenkreise angebunden werden:

Text 1: Kommunikation / Schein und Realität
Text 2: Arbeitswelt / Konfliktsituationen und Konfliktlösung
Text 3: Generationskonflikt / Aussteigerproblematik
Text 4: Realitätsbewältigung / Scheinwelt und Realität
Text 5: Freiheit vs. persönliche Sicherheit / Stellung der Frau / Generationsproblem
Text 6: Provence / Schein und Wirklichkeit
Text 7: Krieg und Frieden / Konfliktbewältigung / Europäische Gemeinschaft
Text 8: Ausländerproblematik / Generationskonflikt / Arbeitswelt
Text 9: Randgruppen der Gesellschaft

Wie man aus der Auflistung unschwer erkennt, lassen sich auch innerhalb des
Buches bestimmte Texte zu kleinen Themenkreisen gruppieren. Kurze Bemerkungen zu den inhaltlichen und formalen Lernzielen werden jeweils den
Lösungsvorschlägen vorangestellt. Gelegentlich erscheinen Hinweise zu ergän-
zender Lektüre.

1. Un agenda très particulier

Geeignet für Grund- und Leistungskurs.

Dieser erste Text ist relativ leicht und dazu bestimmt, in die Analyse von Erzähltexten einzuführen. Er enthält viel Dialog, eignet sich aber zur Unterscheidung von *narration, description* und *dialogue* im Erzähltext. Außerdem werden die Begriffe *récit, rythme du récit, caractérisation directe et indirecte* geklärt.

Compréhension du texte

1. La scène se passe à l'intérieur d'une librairie-papeterie. Elle est rapportée par le narrateur qui se trouve à l'extérieur.
2. Le narrateur et son compagnon Cluzeau: cachés dehors, contre le mur, ils filment et enregistrent la scène du magasin pour leur émission *la Caméra invisible*. Les deux «acteurs» de cette scène sont Jacques Legras et la commerçante: le premier essaie de persuader la seconde de prendre une étrange commande.

Analyse

3. Les trois modes d'expression mentionnés dans l'encadré se retrouvent dans le texte:
   - *le dialogue:* il prédomine car c'est lui qui rend le comique de la situation. Tout rapport l'affadirait et le lecteur ne participerait plus aussi directement à la scène.
   - mais *la narration* joue un rôle important de structuration: elle introduit et situe l'action (l. 1–2), la conclue (sous forme de vérité générale, l. 90–92) et marque les différentes étapes du dialogue, permettant ainsi au lecteur de suivre pas à pas les différents mouvements d'humeur de la commerçante (l. 43, 49, etc.).
   - *la description* du premier paragraphe (l. 2–9) informe de l'organisation des lieux, de l'état d'esprit des personnages. Remplaçant la caméra, elle permet au lecteur de visualiser la scène, de se faire une idée de la commerçante (de la voix qu'on ne peut entendre par exemple). En créant une ambiance, elle pique la curiosité du lecteur.
4. Pour un épisode de l'émission *la Caméra invisible*, trois employés de la télévision se rendent à une librairie-papeterie. Pendant que deux d'entre eux se cachent pour enregistrer la scène, le troisième entre dans le magasin pour passer la commande assez bizarre d'un agenda particulier qu'il veut, dit-il, offrir à son patron. Quand il précise les changements désirés (trois Saint-Jacques, l'Ascension un vendredi, la Toussaint le 2 novembre, trois Pentecôtes en plus), la commerçante se montre d'abord étonnée et embarrassée,

puis s'indigne de plus en plus et cherche à le dissuader. Finalement elle se résigne à satisfaire sa demande.

5. Les lignes descriptives et narratives des premiers paragraphes font passer rapidement sur les préparatifs de la scène et l'entrée en matière de Legras. Mais ensuite, durée de l'histoire et temps de lecture coïncident largement à cause de la prépondérance du dialogue. Il faut noter cependant que les éléments narratifs qui soulignent les étapes du dialogue coupent probablement les temps faibles de la discussion et par conséquent l'accélèrent.

6. Effarée par la demande de son client, la commerçante reste d'abord patiente et polie. Elle fait appel à la raison de celui-ci. Puis, choquée dans son bon sens et sa conscience professionnelle, elle s'indigne «légèrement» (l. 43), mais se résigne. De nouvelles exigences (non plus seulement absurdes mais aussi malhonnêtes) ravivent son indignation (l. 49). Elle fait la morale à son client (l. 66), mais finit par abdiquer.

Le lecteur est informé de l'attitude de la libraire par le dialogue (caractérisation indirecte) et par les phrases narratives et descriptives (caractérisation directe).

7. *Caractérisation indirecte:* la personnalité de la commerçante, et celle – fabriquée – du faux client apparaissent dans le dialogue. La bonne foi un peu naïve de la libraire se traduit par exemple par des exclamations telles que «Mais, monsieur, on ne peut pas faire ça! ... Ce n'est pas normal», «... ce n'est pas bien!». La détermination égocentrique, à la fois cynique et puérile du client se manifeste dans la répétition de «Ça ne m'arrange pas ...» (l. 46–47 et 61–62). On remarque son esprit autoritaire et sans-gêne d'enfant gâté: «Je paie et je tiens à avoir un agenda comme je l'entends ...». Le dialogue prend à la fin une tournure burlesque qui trahit la personnalité de Legras, au-delà de celle du faux client (l. 82: les «deux ou trois Pentecôtes avec leur lundi»).

Caractérisation directe: la description du début campe un certain type connu de commerçante. Les courtes notations descriptives et narratives qui suivent précisent les mouvements d'humeur des personnages, et, pour le lecteur qui ne les entend pas, le ton des répliques. Ainsi, ligne 69: «Jacques Legras parle de plus en plus doucement pour dire ...» (le contenu de la réplique pourrait nous faire croire qu'il crie!).

Cette *caractérisation directe de la commerçante définit indirectement le narrateur.* Elle traduit son humour, sa finesse psychologique, sa sympathie pour la commerçante, «cette brave commerçante», sa connaissance du public de l'émission.

Commentaire

8. On peut trouver amusantes:
   - l'idée absurde d'un agenda sur mesure
   - les réactions de la commerçante qui tombe dans le piège et finit par accepter une commande aussi bizarre. A noter que dans son plaisir de la facétie, le téléspectateur/lecteur est complice des auteurs de l'émission. C'est lui qui, avec Jacques Rouland, joue un bon tour à la libraire et s'en amuse.
   - l'escalade comique du dialogue
   On peut regretter de ne pas voir la scène sur le petit écran. L'histoire racontée ne peut rendre entièrement le comique de la situation et des personnages.
9. On pourrait en effet commander un agenda «sur mesure», pour faire une farce à un ami, mystifier un patron ou tenir un pari.
10. Il faut se mettre à la place de la commerçante: d'abord, c'est son devoir de servir le mieux possible ses clients. Ensuite, pour absurde qu'elle paraisse, la chose n'est pas tout à fait invraisemblable (voir q. 9).

Communication – créativité

11. La commerçante pourrait au premier abord se montrer moins avenante, plus incrédule, refuser d'entrer dans le jeu de Legras. Par suite celui-ci devrait faire un plus grand effort pour la convaincre.
12. Il s'agit d'un devoir écrit tandis que la q. 4 demandait un résumé oral.

2. Le jeu des chaises

Geeignet für Grund- und Leistungskurs. Der Text ist relativ leicht. Die in Text 1 erworbenen Kenntnisse zur Analyse von Erzähltexten werden vertieft und erweitert. Es wird insbesondere der Begriff *forces agissantes* eingeführt.

L'auteur et son œuvre:

Jean-Marc Roberts est né à Paris en 1954. Il publie à 17 ans (grâce à Jean Cayrol) son premier roman *Samedi, dimanche et fêtes*. On y trouve déjà l'univers trouble aux désirs interdits des *Petits Verlaine* (1973) et des romans qui suivront jusqu'aux *Affaires étrangères* (1979), (Prix Renaudot). Dans ce roman, Roberts dépeint pour la première fois un monde adulte et complexe où les êtres, emprisonnés par la solitude, ne cessent d'être ou bourreaux ou victimes. Ici, Malair, le directeur d'un grand magasin exerce une fascination malsaine sur son employé Coline. Il va progressivement le détacher de ses collègues, de ses amis, de sa femme et finalement l'abandonner à son tour. Les thèmes de la solitude, des relations d'un patron avec son employé réapparaissent dans *Les Bêtes curieuses* dont est extrait le texte ci-dessous. Ne s'agit-il que d'une féroce satire des comportements sociaux? Le narrateur rapporte que le lundi matin, au lendemain du week-end chez le patron, chacun fait comme si rien ne s'était passé. «Qu'espèrent-ils?», se demande Lumet, «Me faire passer pour fou» (p. 106). Le jeu des chaises a-t-il eu vraiment lieu? Ou s'agit-il du fantasme d'un esprit fasciné par les pouvoirs du maître et dévoré, dans sa solitude, par un sentiment d'insécurité fondamentale?

Compréhension du texte

1. Son entreprise traversant une crise, Jœuf veut soumettre ses employés au jeu des chaises. Il a décidé en effet de se débarasser de six d'entre eux. Ne voulant les désigner lui-même, il décide de laisser le jeu désigner les victimes.

2. Les joueurs tournent autour d'une table. A un signal donné, ils doivent s'asseoir sur une des chaises disposées autour de la table. S'il y a 14 participants, il ne doit y avoir que 13 chaises. Celui qui ne parvient pas à s'asseoir est éliminé.

3. Les cadres, dit le narrateur, croient d'abord à une mauvaise plaisanterie. Leurs réactions montrent pourtant qu'ils ont réalisé le sérieux de la situation
   - Ponte se sent blessé dans sa dignité.
   - Vézir refuse toute participation et offre directement sa démission.
   - Arnaud, conseiller juridique, fait remarquer à Jœuf l'illégalité de son acte.

   Finalement, les cadres se soumettent sans plus discuter.

4. Les cadres qui travaillent dans l'entreprise depuis plus de cinq ans pourront chercher à s'asseoir au premier signal alors que les autres devront attendre le deuxième. Ils auront ainsi moins de chance de garder leur emploi.

5. C'est la bagarre la plus sauvage: les cadres en viennent aux mains, se frappent, se bousculent, se griffent, se tirent les cheveux.

6. Démaret, le premier à être éliminé, perd toute maîtrise de soi. Il se conduit comme un fou, pleure, crie, se roule par terre.

7. Le *nous* de la ligne 36 assimile le narrateur aux subordonnés évoqués à la ligne 34. Le narrateur est donc un des employés subalternes de l'entreprise. Ces derniers ne participent pas au jeu: ils y assistent en tant que spectateurs.

Analyse

8. Dans la première partie, la prédominance du dialogue (discours de Jœuf et réparties des cadres) permet en grande partie de faire coïncider temps de lecture et durée réelle. Dans le dernier paragraphe, en revanche, le récit du jeu accélère le rythme. Il ne s'agit pas de rendre la durée réelle de l'action, mais de montrer sa précipitation et l'affolement qui en résulte.

9. La caractérisation des personnages est ici très subtile. Elle se fait d'abord indirectement: Jœuf et ses employés se révèlent à travers ce qu'ils disent et font. Le narrateur semble jouer le rôle du figurant effacé qui rapporte simplement ce qu'il voit et entend: pas de vrai portrait des personnages ni de jugement explicite. Cependant, le narrateur guide malicieusement notre interprétation des personnages par les détails et les mots choisis: ainsi, les expressions «bien sages, comme des enfants» (l. 5), «en rang d'oignons» (l. 19), «méchamment» (l. 46) «gentiment» (l. 36), les séquences narratives des lignes 32–33 ou 39–40 ne sont-elles pas des choix innocents. La caractérisation directe est mêlée étroitement à tout le récit.

Jœuf: il jouit de sa toute puissance. Il a «tous les droits», étant chez lui et maître de l'entreprise. Il ordonne, les autres obéissent. Tout puissant, ce cynique éprouve du plaisir à ce qu'il fait (l. 32). Ses actes et ses paroles campent un personnage de patron inhumain, malfaisant: l'avantage accordé aux cadres les plus anciens semble plutôt un raffinement supplémentaire destiné à diviser davantage encore ses subordonnés. Les remarques de la caractérisation directe, elles, donnent à ce personnage une autre dimension: celle du père monstrueux. Jœuf infantilise ses employés non seulement par le jeu imposé mais par des détails supplémentaires: voir l. 4–5, 32–33, 39–40.

Les cadres: leur opposition à leur patron est dérisoire. Ils se soumettent très vite, renoncent à toute dignité et solidarité entre eux. Le jeu les transforme en bêtes sauvages luttant par tous les moyens pour leur survie. Le narrateur nous les montre faibles, infantiles et méchants. Par une ironie supplémentaire, Desmaret (responsable des finances de l'entreprise) se révèle malhonnête (il a volé des serviettes!).

Les subordonnés: le narrateur les décrit en enfants sages installés gentiment face à la table de jeu. Leur présence donne un caractère plus piquant encore à l'humiliation des cadres. Ils ne protestent pas, sont des spectateurs passifs, mais comme au spectacle ou à une manifestation sportive, leur présence est essentielle.

Le narrateur: personne ambiguë (voir ci-dessus), il ne révèle directement que son inquiétude (l. 1) et son effarement (l. 42). D'autres remarques traduisent son ironie («tout ce beau monde», l. 43–44, «ce n'est pas propre» l. 50). Son récit de l'affreuse bagarre ne contient aucun mot de pitié. On le

11

sent amusé par la scène («on ne s'entend plus» l. 53), peut-être fasciné par l'emprise de Jœuf sur ses employés.

10. a. 1. l. 1 à 18; 2. l. 19 à 48; 3. l. 48 à la fin.
    b. 1. Après avoir exposé la crise de l'entreprise et la nécessité des licenciements, Jœuf explique à ses employés la méthode dont il va se servir pour éliminer six d'entre eux.
    2. Trois des cadres présentent des objections, mais tous finissent par se soumettre et révèlent, au cours du jeu, un comportement méchant et agressif.
    3. Jœuf atteint son but: le premier des cadres vient d'être éliminé; son abjection apparaît à tous.

11. La crise économique force Jœuf à licencier ses employés, mais c'est son goût diabolique du pouvoir qui est à l'origine des événements qui vont avoir lieu.

12. Jœuf est *le héros*. *L'objet* de son action est de renvoyer six des cadres afin de sauver l'entreprise. *Le bénéficiaire* est l'entreprise et son patron. *Les adversaires* sont les cadres qui, par leurs salaires, menacent de ruiner l'entreprise et qui peuvent s'opposer au jeu; *l'auxiliaire* est ici le jeu des chaises destiné à procéder à l'élimination; c'est aussi le manque de solidarité et la lâcheté des cadres.

13. S'agit-il de personnages-types? Jœuf représente un type de patron brutal, inhumain et sans scrupules quand il s'agit de sauver son entreprise et ses propres intérêts. Les cadres figurent un type d'employé supérieur, servile envers le patron, agressif et brutal quand il s'agit d'éliminer un concurrent en jouant des coudes: le récit est une illustration de cette locution. Mais l'idée cynique du jeu, l'attitude sardonique de Jœuf (il tient les ficelles de ses marionnettes), la métamorphose des cadres en enfants rageurs, méchants, mal élevés, donnent aux personnages un aspect caricatural.

Commentaire

14. Quelques mots-clefs: ridicule, inhumaine, diabolique, originale, non conventionnelle, cauchemaresque, sadique, barbare … mais aussi instructive, éclairante: un licenciement traditionnel nous informerait sur la situation de l'entreprise, l'esprit de décision du patron, etc. La méthode de Jœuf éclaire en profondeur le caractère de ses employés. Ceux-ci ne sont plus seulement les victimes d'une crise économique ou de l'égoïsme d'un patron, mais les victimes de leur propre égoïsme et manque de dignité: ils étaient plus libres que dans le licenciement traditionnel car ils pouvaient ne pas faire le jeu du patron. (N.B.: étant donné le caractère allégorique de cette histoire, on ne peut rendre un jugement sur la conduite des personnages qu'en entrant dans un pacte de lecture qui admette leur «réalité».)

15. On peut se limiter à une interprétation sociologique: l'auteur veut montrer la brutalité du monde du travail, le désespoir et la haine des perdants dans cette lutte. Au-delà de cette description ironique des comportements sociaux, le texte relève, dans son humour noir, d'une vision pessimiste des rapports humains fondés sur la peur et le désir de puissance: l'homme, en cas de lutte pour sa survie, se comporte comme une bête (titre du roman: *Les Bêtes curieuses*).

Communication – créativité
16. Ils pourraient donner leur démission, se solidariser contre leur patron et se mettre en grève. Ils pourraient faire des contre-propositions, par exemple, proposer de renoncer à une partie de leur salaire, etc.
17. Il aurait pu mettre à la retraite les cadres les plus âgés; il aurait pu les retenir par rang d'ancienneté ou les soumettre à un concours plus conventionnel.
18. On imagine la honte des cadres qui ont présenté un tel spectacle à leurs subordonnés. Ils seraient probablement assez veules pour ne pas manifester leur colère à l'égard du patron qui les a bernés, feindraient peut-être même de rire, mais riraient jaune.

3. Pourquoi partir?

Geeignet für Grund- und Leistungskurs. Der Text ist noch relativ leicht. Er eignet sich besonders zur Einführung in die verschiedenen Erzählstandpunkte und die damit verbundenen Darstellungstechniken. Es ergeben sich daraus auch weitere Aspekte für die Charakterisierung von Personen in Erzähltexten.
Der Text entstammt einem Jugendroman und bietet vom Thema her eine gute Diskussionsgrundlage. Insgesamt sind die in der Reihe *Les Chemins de la liberté*, G. T. Trageot, erschienenen Jugendromane als Ganzlektüre oder in Auszügen für die Sek. II sprachlich wie thematisch empfehlenswert:

Michel Grimaud, *Le Paradis des autres* (1973) (Diskriminierung der Nordafrikaner)
Pierre Pelot, *Le Ciel fracassé* (1975) (Jugendliche als Aussteiger, Vorurteile der Erwachsenen)
Monique Ponty, *Un Orage dans la tête* (1976) (Ökologieprobleme, Probleme eines Bauern in der heutigen Welt)
Jean Coué, *Un Soleil glacé* (1978) (Soziale Probleme, Kriminalität, Justiz)

Diese Bücher enthalten im Anhang weitere Texte unterschiedlicher Textsorte zu den im Roman behandelten Themen sowie bibliographische Hinweise und Hinweise auf Filme.

Hintergrundinformationen zu Jugendproblemen liefert u. a. *Les jeunes et la contestation (Bibliothèque Laffont des grands thèmes) Editions Grammont S.A.,* Lausanne 1975.

Compréhension du texte

1. Laurent a quitté la maison familiale, peut-être parce qu'il ne s'entendait plus avec ses parents ou qu'il voulait être indépendant. Pendant que sa mère, Simone, reste à la maison, Julien, son père, se met à sa recherche pour le persuader de rentrer avec lui. Après avoir perdu sa trace deux jours durant, il le découvre en compagnie d'une jeune hippie. Tout d'abord, il se borne à l'observer.

2. Julien se trouve Boulevard Saint-Michel, à la hauteur de la fontaine Saint-Michel, de l'autre côté du boulevard. Là, il s'installe à la terrasse d'un café. Après avoir perdu la trace de son fils, une inspiration subite l'avait fait courir à cette «fontaine aux hippies», lieu de rencontre bien connu de toutes sortes de jeunes gens. Il ne s'est pas trompé. Il y découvre Laurent parmi un groupe de hippies.

3. Julien aperçoit son fils, qui est en train de parler avec une jeune fille de son âge, vêtue à la manière des hippies. Gêné par la circulation, il voit mal les traits de la jeune fille, assise par terre et adossée à la fontaine. Cependant, malgré son attitude «avachie», elle lui semble attrayante.

4. – Julien se rend compte qu'il aurait dû venir à la fontaine Saint-Michel dès le premier jour de sa recherche.
   – Il redoute pour son fils l'influence de la jeune fille et de l'univers hyppie.
   – Il se dit qu'il doit maîtriser son inquiétude et son envie de se précipiter vers son fils.
   – Il se félicite de n'avoir pas amené sa femme qui n'aurait pu se maîtriser (l. 26–27).
   – Il se rend compte que sa connaissance des hippies se résumait jusqu'à présent à une série de clichés. Il commence à comprendre comment on peut devenir une de ces «épaves» et seul le désir de comprendre et de sauver son fils le préoccupe.

Analyse

5. a. Les événements sont rapportés à travers le regard de Julien.
   b. Présentation directe (discours direct) indiquée par des guillemets: l. 17 à 18; l. 26 à 27; l. 39 à 40.

14

Dans le reste du texte, les pensées sont présentées de façon indirecte.

6. Il s'agit d'un narrateur implicite / absent.

   Le point de vue prédominant est subjectif / interne, c.-à-d. celui de Julien (voir q. 5).

   Mais les changements suivants de points de vue sont à constater: l. 11 à 16: point de vue global; le narrateur voit Julien de l'extérieur, mais connaît ses sentiments.

   l. 19 à 20: point de vue objectif externe; le narrateur se borne à des observations extérieures.

   l. 28 à 38: point de vue global (Julien ... sauver son fils)

   l. 41: point de vue global (Là-bas ...)

7. Le lecteur a l'impression qu'il participe de façon immédiate aux observations, réflexions et sentiments de Julien. La distance entre le personnage et le lecteur est réduite à un minimum: le lecteur, guidé et «contrôlé» par la conscience du personnage Julien, est amené à s'identifier à lui, ceci d'autant plus facilement qu'il s'agit d'un personnage sympathique. Il est intéressant de constater que dans ce roman pour adolescents, le jeune lecteur est engagé à adopter le point de vue du père, d'un adulte dans une situation de conflit entre père et fils. Cette identification répond à l'intention d'un auteur de roman éducatif.

8. Discours direct: l. 17 à 18; l. 26 à 27; l. 31 à 33; l. 39 à 40

   Discours indirect: l. 8 à 10

   Discours indirect libre: l. 3 à 7; l. 21 à 25

   Les passages qui ne relèvent pas des catégories ci-dessus sont narratifs et descriptifs: l. 11 à 16. La phrase «Une pauvre gosse ... sans doute.» appartient au discours indirect libre. L. 19 à 20; l. 28 à 38; l. 40: dans ces passages s'exerce le point de vue global ou externe/objectif du narrateur (comparer avec q. 6).

9. Voir d'abord q. 7 et 8.

   Dans les passages au discours indirect libre, l'intention de l'auteur n'est pas de présenter une suite d'actions, mais d'éclairer la psychologie du personnage Julien. En tant que technique du monologue intérieur, le discours indirect libre place le lecteur «dans la conscience» du personnage.

Commentaire

10. Sans doute Julien est-il un personnage sympathique. Après la fugue de son fils, il se met lui-même à sa recherche. Sa peur de voir Laurent succomber à l'emprise de l'univers hippie est très forte, mais il fait preuve de sang-froid et ne cède pas à un mouvement de panique. Il ne manifeste pas de colère envers son fils, ne condamne pas non plus la jeune hippie à qui il concède

«une espèce de grâce fragile et un charme inquiétant». Il reconnaît la séduction qui émane d'un monde qui lui est pourtant si étranger, ne cherche pas à ramener Julien directement à la maison, mais s'efforce d'abord de le comprendre.

11. Julien ne semble pas être un père autoritaire. Intelligent, il se rend compte qu'il perdrait son fils s'il le forçait à le suivre. Apparemment son attitude a changé au cours de ses recherches: avant la fugue de Laurent, il avait adopté tous les préjugés et clichés condamnant les hippies; maintenant, concerné personnellement par le problème, il essaie de voir clair, de saisir ce qui se passe en son fils pour pouvoir le sauver.

12. Les jeunes (et les adultes) qui ne se conforment pas aux normes de la société et rejettent ses dites valeurs sont vite condamnés. La «vox populi» (l. 31) voit en eux des parasites. Le mouvement hyppie refusant la société de consommation, prônant la liberté sexuelle et la non-violence a été souvent compris comme la démission d'une jeunesse paresseuse, illuminée ou droguée. Il est à noter que si Julien tente de comprendre comment on peut devenir une «épave», les hippies restent bel et bien pour lui de malheureux ratés. Il n'est donc pas libre de tout préjugé. Au lieu de condamner, il plaint. Cela aussi rentre dans l'intention pédagogique de l'auteur qui doit, bien sûr, éloigner son jeune public du monde hippie et le guérir des rêves de fugue. Pour éviter les préjugés, deux méthodes: comprendre les motifs des «outsiders» de la société et se remettre soi-même en question afin de pouvoir ouvrir un dialogue non moralisateur.

Communication – créativité

13. Quelques idées:
    – le père exprime sa joie et son soulagement d'avoir retrouvé son fils;
    – il l'invite au café et exprime sa volonté de dialogue;
    – il fait sentir à quel point il a peur que son fils ne ruine sa vie;
    – il se déclare prêt à changer la vie familiale, à accorder à son fils plus de liberté, etc.
    Le fils pourrait soit rejeter toute proposition de rapprochement, soit accepter de parler avec son père:
    – il lui demande encore un peu de temps pour se retrouver;
    – il essaie de dissiper ses inquiétudes;
    – il lui pose les conditions de son retour.

14. Julien devra peut-être se justifier de n'avoir pas ramené tout de suite Laurent à la maison. Questions sur le physique, la santé de Laurent, etc.

4. Le cahier du passé

Geeignet für Grund- und Leistungskurs. Der Text ist schwieriger und bietet eine geschlossene Kurzgeschichte. Die erworbenen Kenntnisse können weiter vertieft werden. Die Begriffe *ordre chronologique* und *retour en arrière (flashback)* werden eingeführt.
Weitere Kurzgeschichten dieser Art finden sich en masse in den in letzter Zeit erschienenen Sammelbänden (viele in *Livre de Poche*) von Pierre Bellemare, z.B. *C'est arrivé un jour* (mehrere Bände), *Suspens* (mehrere Bände), *Histoires vraies* (mehrere Bände), *Au nom de l'amour (Edition 1)*.

Compréhension du texte

1. Dès le début, Monsieur Jean nous fait l'impression d'être un personnage ambigu: son physique et son métier en font un homme assez commun. Mais on ne sait rien de ses origines, il n'a pas de famille et ce qu'il dévoile de son passé est passionnant comme un roman. Il aime à s'auréoler de mystère.

2. Les amis de Monsieur Jean voient en lui un aventurier, un homme qui a eu une jeunesse extraordinaire. Mais le lecteur apprend (l. 30–34) que cet homme invente toutes ses histoires. Il les consigne dans un «cahier du passé» pour ne rien en oublier. Chaque fois qu'il imagine un nouvel épisode, il s'informe sérieusement des pays où il est censé avoir séjourné afin d'être crédible.

3. Issu d'une famille riche et mondaine, Jean y joue le rôle du vilain petit canard. Moins doué que ses frères, il se fait plusieurs fois renvoyer des écoles qu'il fréquente. Ses parents le mettent à la porte quand il épouse, à 18 ans, une serveuse qu'il a mise enceinte. L'enfant ne viendra pas au monde, mais le couple connaît des années difficiles. Jean s'essaie à la peinture, mais sans succès. Puis, c'est la guerre et sa femme part dans le midi et lui pour Brest. En octobre 1944 il se tire sain et sauf d'une violente explosion, mais il apprend par le journal qu'on le compte au nombre des victimes. Au lieu de démentir la nouvelle, il décide de commencer une nouvelle vie, incognito. Il devient portier dans un grand hôtel de Nantes.

4. Sa disparition présente pour M. Jean deux avantages: il y voit d'abord la possibilité de donner une fin digne à son ancienne vie de famille bourgeoise: sa mort en faisait un héros de la guerre. Elle le «réintégrait dans la famille à titre posthume». Ensuite il a enfin une chance d'adopter une nouvelle identité et de commencer une nouvelle vie. Celle-ci d'ailleurs n'est pas orientée vers l'avenir qui lui semble indifférent, mais vers un nouveau passé, celui qu'il va se forger, prenant ainsi sa revanche sur une enfance malheureuse et une jeunesse médiocre.

Il tient un cahier du passé pour y rendre compte de ses affabulations. Il ne doit pas en oublier les détails sous peine de se contredire dans ses récits.

5. Son rêve a des suites funestes. Il se rend à son travail comme d'habitude en mobylette. Il est euphorique, plongé dans ses fantasmes. En voyant la librairie où il veut acheter la documentation nécessaire à un nouvel épisode de sa vie, il change soudain de direction et se fait écraser par une voiture.

Analyse

6. Ce sont les rêves de Jean Blanchet qui nous révèlent son vrai passé. Il revoit pendant son sommeil le film de sa vie.

7. a. Le retour en arrière qui s'étend de la l. 53 à 117 est introduit par le moment où Jean Blanchet s'endort en pensant à son astucieux cahier du passé.

b. Les deux premiers paragraphes constituent un portrait de Jean Blanchet. Avec la narration des lignes 10 à 52, le récit se met en mouvement. Cette accélération est ralentie par la scène du dialogue (l. 14–24). Très prononcée dans les lignes 25–27 qui résument la soirée et le trajet de Monsieur Jean, elle s'achève avec les rêveries de celui-ci devant son cahier du passé (l. 35–48). Celles-ci mènent le lecteur au passage du retour en arrière: tout le passé du personnage défile dans un rêve. A ce rêve, qui résume donc une période d'environ quarante ans, correspond une accélération plus rapide du rythme puisqu'il y a un décalage énorme entre le temps de la durée réelle de l'histoire et le temps de lecture. Le rêve terminé, ce décalage diminue et le récit adopte le même rythme qu'avant le retour en arrière.

8. Le retour en arrière est préparé par les allusions des lignes 7 à 9: un mystère entoure Jean Blanchet, mais lequel? Le dialogue qui suit nous aiguille sur une fausse piste: la clef du passé de Blanchet pourrait être en Afrique. L'incertitude est levée dès les lignes 29–31: M. Jean ment! Cette découverte pique à nouveau la curiosité du lecteur. Pourquoi ment-il? C'est le long retour en arrière qui donnera la vraie réponse. La grande place qu'il prend dans le récit montre à quel point le présent et l'avenir si limités du personnage sont conditionnés par son passé.

Commentaire

9. La fin de Jean Blanchet n'est pas tragique au sens propre du mot puisqu'elle ne résulte pas d'une situation sans issue, c.-à-d. d'une fatalité inévitable. De plus, le personnage ne prend pas conscience de son destin, mais vit au contraire dans ses illusions, croyant qu'il peut duper la mort même. Cependant l'intervention du hasard ressemble fort ici à celle d'un destin ironique qui

18

rétablit l'ordre des choses. L'ironie est d'autant plus forte que l'auteur insiste sur l'optimisme du personnage avant son accident.

10. On retrouve dans l'histoire de M. Jean le vieux désir humain de changer de vie à sa guise, d'être un autre, meilleur et plus chanceux, et le rêve de pouvoir effacer le passé. Au-delà de ces simples désirs, une ambition démesurée: celle d'être maître de son destin et de sa mort. Cette manipulation du temps et du sens impartis à la vie humaine relèvent d'un orgueil, d'une «hybris» toujours punis dans les légendes et mythes, car le secret de la vie appartient à Dieu. Ainsi Asclépios, dieu de la médecine, est-il foudroyé par Zeus lorsqu'il devient capable de ressusciter les morts.

A notre avis, l'auteur veut essentiellement présenter un fait divers cocasse et intéressant qui, de surcroît, a une dimension abstraite et morale facile à saisir. «On n'échappe pas à son destin» va soupirer le lecteur. Celui-ci bien sûr, peut en tirer la leçon suivante: on ne remplace pas impunément la réalité par le rêve. Nos vies sont ce qu'elles sont et nous ne pouvons les renier.

Communication – créativité

11. Dans le récit chronologique, tous les événements du retour en arrière seront placés au début de l'histoire. On fera observer aux élèves que le récit, s'il gagne ainsi en clarté, est privé de tout suspense et aussi d'une partie de son sens profond: l'importance du passé (passage central) n'est plus soulignée par la structure du texte.

12. Traits caractéristiques: un complexe d'infériorité (frères brillants), un manque d'amour (mère superficielle), une tendance au rêve et un besoin de créativité (ambitions artistiques), de s'affirmer (son mariage contre la volonté familiale). Sa paresse, son absence de talent l'empêcheront de se réaliser comme il le désire. L'annonce de sa «mort», en revanche, rend cela possible et il va saisir l'occasion de se refaire une vie à sa mesure. Il reste cependant un être tourmenté et partagé puisque son passé ne cesse de l'occuper dans ses rêves.

13. On recherchera les valeurs qu'on tente de posséder dans ses rêves d'une autre vie: beauté, richesse, intelligence, vie d'aventures, célébrité … On notera l'influence des stars, champions, grands personnages qui les incarnent …

5. La chèvre de M. Seguin

Geeignet für Leistungskurs. Es ist der zweite in sich geschlossene Text dieser Sammlung. Er ist sowohl sprachlich als auch hinsichtlich der Erzählstruktur schwierig.

Es werden die Begriffe *cadre, récit encadré, schéma de la communication, fonctions du langage* eingeführt.

L'auteur et son œuvre: Alphonse Daudet (1840–1897) est né à Nîmes.

Il publie à 18 ans son premier recueil de vers et connaît la bohème des poètes que nourrissent de rares emplois. Secrétaire pendant cinq ans du duc de Morny, il écrit, voyage et publie dans *le Figaro* et *l'Evénement* ses chroniques provençales qui devinrent *les Lettres de mon moulin* (1869). Le cadre de la lettre est de pure fiction. Il introduit des nouvelles proches de la fable ou du conte (La chèvre de Monsieur Seguin) ou réalistes (Le secret de Maître Cornille). Ces textes, rédigés à Paris et non dans un moulin provençal, dépeignent pour la plupart la Provence, ses paysages, ses personnages. Parmi ses œuvres les plus célèbres, citons encore *Tartarin de Tarascon, le Petit Chose, les Contes du Lundi.*

Compréhension du texte

1. On distingue deux parties principales:
   1. Le récit de la chèvre de Monsieur Seguin: l. 10 à 151
   2. Le cadre de ce récit: une introduction, l. 1 à 9 et la conclusion du texte: l. 152 à 158.

   Ces deux parties se différencient formellement par l'emploi des temps du verbe et des pronoms sujets. Le récit est écrit au passé et à la 3ème personne (on parle des personnages du récit). Le cadre du récit est rédigé au présent ou au futur et le locuteur s'adresse à un ami, à la 2ème personne du singulier. A l'intérieur du récit, différents appels au destinataire de la lettre (l. 21, 71, 78, 102, 140) rappellent l'étroite corrélation entre ces deux niveaux du texte.

2. La lettre s'adresse à Pierre Gringoire, poète lyrique qui refuse une place de chroniqueur afin de garder sa liberté. L'auteur (Daudet est lui-même chroniqueur) l'engage à revenir sur sa décision. Le récit du malheur de la chèvre Blanquette doit le persuader. (On pourra expliquer aux élèves que le nom de Pierre Gringoire recouvre peut-être un personnage réel, mais pas nécessairement. Ce peut être aussi la projection de la personne même de Daudet, chroniqueur à l'*Evénement*, mais tenté par la liberté. Pierre Gringoire est le nom d'un poète mort en 1538. C'est aussi l'un des personnages de *Notre-Dame de Paris* de Victor Hugo.)

3. a. Les chèvres de M. Seguin éprouvent un tel désir de liberté qu'elles cassent leur corde et s'enfuient dans la montagne où le loup les mange.
b. La nouvelle chèvre, Blanquette, a l'air d'apprécier sa vie dans l'enclos de M. Seguin.
c. Mais bientôt, elle aussi est attirée par la montagne et la liberté. Elle s'ennuie, ne supporte plus la corde, l'herbe lui semble fade.
d. M. Seguin tente une discussion; il interroge Blanquette sur ses raisons, essaie de la dissuader. En vain. Il l'enferme alors dans une étable.
e. La chèvre, ivre de joie, jouit pleinement de sa liberté: elle connaît les grands espaces, le goût des fleurs sauvages et l'amour d'un jeune chamois. Dans son exaltation, elle se moque du clos de M. Seguin, si petit, vu des sommets.
f. Le soir qui vient, les brumes qui tombent sur la vallée, puis le hurlement du loup angoissent Blanquette. Elle est tentée un instant de répondre à l'appel de la trompe de M. Seguin, mais se décide pour la liberté.
g. Blanquette sait tout de suite qu'elle est perdue, mais elle veut égaler la vieille Renaude qui avait tenu bon jusqu'à l'aube avant de se faire dévorer. Le loup, narquois, sûr de la manger, ricane et prend son temps. Mais pendant le combat, il est surpris de l'acharnement de Blanquette qui le force plusieurs fois à reculer.
4. «... La chèvre de M. Seguin qui se battit toute la nuit avec le loup, et puis le matin, le loup la mangea.»
5. Voir 1. pour les deux parties principales.
Le récit proprement dit:
a. l. 1 à 17: le problème de M. Seguin avec ses chèvres.
b. l. 18 à 30: le bonheur et l'espoir de M. Seguin après l'achat d'une chèvre toute jeune.
c. l. 31 à 70: Perte des illusions de M. Seguin: Blanquette veut s'enfuir.
d. l. 73 à 105: Blanquette jouissant de sa liberté.
e. l. 106 à 151: le combat avec le loup et la mort de Blanquette.

Analyse
6. Il s'agit d'une communication à deux niveaux:
a. En tant qu'œuvre littéraire, le texte présuppose une communication entre l'auteur et les lecteurs de cette œuvre.
b. Cette œuvre se présente sous la forme d'une lettre dont l'émetteur serait l'auteur, A. Daudet, et le récepteur un de ses amis, Pierre Gringoire (voir q. 2)
Quelques remarques:
– L'auteur se présente à la fin de sa lettre comme le simple porte-parole

d'une tradition populaire: («... nos ménagers te parleront souvent de la *cabro de moussu Seguin* ...») dont les Provençaux sont à la fois les émetteurs (les conteurs) et les récepteurs (les auditeurs à la veillée par exemple). A noter qu'on ne connaît pas de conte provençal sur la chèvre de M. Seguin.

– La signification du message change selon le récepteur: signification univoque pour Gringoire, significations multiples pour l'ensemble des lecteurs (voir q. 12). Cependant, si l'on considère le cadre de la lettre comme un artifice littéraire, le cas du poète Gringoire s'étend à tous les êtres épris de liberté et d'indépendance, poètes ou non, et les possibilités d'identification sont innombrables.

7. Le référent: les malheurs d'une chèvre éprise de liberté.

8. A. Daudet engage un ami poète à renoncer à sa liberté pour accepter une place sûre. Le conte de *La chèvre de M. Seguin* doit lui montrer que la passion de la liberté est dévastatrice, mortelle.

9. a. Dans *le récit encadré*, c'est *la fonction référentielle* qui prédomine puisque l'histoire de la chèvre constitue la plus grande partie du texte. Il s'agit d'une narration au passé et à la 3e personne (voir q. 1 et 7). L'histoire de la chèvre est l'illustration des conseils donnés dans la lettre. Dans ce *cadre du récit* intervient essentiellement *la fonction persuasive / impressive* (on parle aussi de *fonction conative*) qui met en cause le destinataire, veut le persuader (fréquence de l'impératif et de la 2e pers. du singulier). Aussi la *fonction référentielle* est-elle subordonnée à *la fonction persuasive*, c.-à-d. que la narration est subordonnée à l'argumentation.

b. 1. On peut constater le rôle de la *fonction expressive:* l'auteur donne libre cours à son émerveillement devant la beauté de la chèvre (par exemple l. 21), ou à sa pitié (l. 154 = «la *pauvre* bête»), etc.

2. Importance de la *fonction phatique:* l'auteur s'adresse à plusieurs reprises à son ami, afin de stimuler son attention (voir q. 1).

3. *La fonction poétique* est présente dans tout le récit: pour plaire et émouvoir, l'écriture, le style sont essentiels: l'auteur se sert de toutes sortes de moyens stylistiques *(périphrases, accumulations, mises en relief, hyperboles, mélioratifs, comparaisons)* pour rendre le récit plus vivant et expressif.

10. Comme la fable, l'histoire de la chèvre de M. Seguin est allégorique et moralisatrice; ses éléments ont une portée symbolique:
la chèvre: en français, la chèvre (capris) a donné son nom au caprice. La Fontaine a déjà chanté son goût de la liberté. Elle symbolise ici toute personne avide d'indépendance, rejetant tout compromis et conseil et, plus précisément, Gringoire.

M. Seguin: le protecteur mais contraignant. Il permet de vivre mais une vie restreinte, étroite. Pour Gringoire, M. Seguin est la fonction rétribuée du poète.

la montagne: l'espace où se réalise la liberté avec ses charmes et ses périls. Pour Gringoire, la liberté d'écriture.

l'enclos, le piquet, la longe: la sécurité et l'emprisonnement. Pour Gringoire, la condition d'un chroniqueur.

le loup: symbole universel de sauvagerie, c'est *le dévoreur* (La Fontaine, Perrault), l'incarnation dans les mythes et quelques contes du désir sexuel. Pour Gringoire il symbolisera la destruction qui le menace, la mort du poète après sa lutte contre la misère.

Interprétation générale: celui qui préfère une liberté absolue aux contraintes d'une existence sûre et protégée doit s'attendre à l'échec total. Interprétation limitée au destinataire de la lettre: le poète lyrique qui refuse la place sûre du chroniqueur est condamné à périr.

Commentaire

11. *Pour* la leçon de Daudet: l'attitude de Gringoire est honorable, mais peu réaliste. Un poète qui meurt de faim peut-il encore écrire?
Contre: Daudet ne cherche-t-il pas à se justifier lui-même? (voir q. 2). Dans ce cas, s'agit-il d'une leçon objective? Si tous les poètes étaient restés attachés à leur piquet (Rimbaud chroniqueur à Charleville?) où serait la poésie?

12. Voici un tableau d'interprétations multiples

destinataire	chèvre	M. Seguin	loup
jeunes	fugueurs	parents	misère, drogues, adultes à l'influence néfaste ...
adultes	• indépendants refusant p. ex. l'engrenage social économique ...	travail sûr	faillite, échecs professionnels
	• en proie, par exemple au «démon de midi». Ne pouvant plus supporter de s'être mis «la corde au cou».	l'époux ou l'épouse	la solitude, les déceptions amoureuses
jeunes filles	liberté sexuelle	les parents	défloration

destinataire	chèvre	M. Seguin	loup
femmes	émancipation (professionnelle, familiale, etc.)	la société patriarcale	échecs divers

13. La fable, l'histoire allégorique permettent:
    - de simplifier et de concrétiser un problème complexe.
    - de donner à ce problème une dimension plus vaste, ouverte à des interprétations multiples.
    - de s'adresser à un destinataire précis sans le blesser, la portée morale de la fable touchant tout un groupe de lecteurs.
    - de protéger son auteur contre d'éventuelles poursuites judiciaires.
14. Voir aussi q. 11 et 12. Quelques éléments de discussion: une vie «au piquet» vaut-elle la peine d'être vécue? Quel est, chez la chèvre, le rôle de l'inconscience? (Elle ne pense pas aux dangers ou «le loup et la mort, c'est pour les autres».) M. Seguin a pris une chèvre jeune pour l'éduquer (l'Ecole des femmes, Molière!) et l'empêcher, non de réaliser ses désirs, mais même d'en éprouver. A-t-on le droit de contraindre la nature d'autrui? La conduite autoritaire du «bon Monsieur Seguin» ne provoque-t-elle pas, automatiquement, celle de la chèvre? Etc.

Communication – créativité
15. a. Gringoire accepte les conseils de son ami:
    - il a compris le message. Il voit désormais clairement le sombre avenir qui le menace et accepte le poste de chroniqueur.
    - il avoue que son refus reposait sur une idée follement romantique de la liberté du poète. En fait, son travail, en lui assurant le nécessaire, lui permettra de poursuivre sans angoisse ses ambitions poétiques.
    b. Gringoire rejette les conseils de Daudet:
    - il ne peut s'identifier à une chèvre écervelée: lui, il a conscience des dangers qui le menacent et il les affronte avec clairvoyance. Il a d'autre part confiance en son talent de poète, sa seule vraie richesse.
    - il reproche à Daudet une attitude mesquine: l'auteur chercherait à justifier son propre style de vie.
16. *Dénouement heureux et réaliste:*
    - M. Seguin s'est mis à la recherche de sa chèvre et tue le loup au moment où il s'apprête à dévorer la chèvre; celle-ci, reconnaissante d'être sauvée, retourne avec M. Seguin à sa ferme.
    - la chèvre reconnaît son erreur à temps et fait demi-tour au moment où

elle entend la trompe de M. Seguin, qui lui rappelle la sécurité du clos.

Dénouement fantaisiste:
- les chamois viennent à l'aide de la chèvre et, en unissant leurs forces, ils arrivent à chasser / tuer le loup.

Dénouement féministe:
- la chèvre tue le loup prétentieux qui n'avait pas compté sur l'efficacité des petites cornes et se laissait aller un moment au repos.
- le loup, blessé et effrayé de la résistance de Blanquette, prend la fuite.

6. Les prières adolphines

Geeignet für Grund- und Leistungskurs.

Die Predigt des Pfarrers von dem Dorf «Les Bastides Blanches» (in der Nähe von Aubagne) stellt einen Übergang zwischen narrativen und diskursiven Texten dar. Der Schüler kann seine anhand der Erzählung erworbenen Kenntnisse der Textinterpretation auf den rhetorischen Predigttext anwenden und sich mit den spezifischen Methoden der Redeinterpretation vertraut machen. Weitere literarische Reden: Z.B. J. M. Le Clézio: *Le Procès-verbal*, folio n° 353, p. 243 et suiv. A. Camus: *La Peste;* le prêche du Père Paneloux, folio n° 42, p. 97–100.

L'auteur et son œuvre: Marcel Pagnol (1895–1974), né à Aubagne débute sa carrière au théâtre. Ses pièces *«Topaze»* ou la trilogie de *Marius, Fanny* et *César* (1928–1946) plaisent par leur humour, l'atmosphère du vieux Marseille, les personnages hauts en couleur. Plus tard, il se consacre au cinéma (où sont transposées plusieurs de ses comédies) et à ses souvenirs d'enfance (*La Gloire de mon père, Le Château de ma mère* (1957–58), *Le Temps des secrets* 1960, *Le Temps des amours* (posthume, 1977). Son roman *«L'Eau des collines»* retrace la vie d'un village provençal, les intrigues menées contre un «bossu de la ville», Jean de Florette, qui prétend s'installer dans le pays. Deux villageois vont l'empêcher de trouver la source nécessaire à ses cultures … Ce roman a été porté à l'écran en 1986 (*Jean de Florette* et *Manon des Sources* de Claude Berri).

Compréhension du texte
1. Le récit est le cadre du discours: le sermon est placé dans un chapitre du roman. Le récit apparaît aux lignes 11, 12, 13, plus loin aux lignes 32, 33, puis 43–47 et 54–56 pour décrire les réactions des auditeurs ou les gestes du curé. Le cadre du discours, la situation des personnes et l'impact qu'aura sur elles le sermon sont essentiels.

2. Le curé du village s'adresse à ses paroissiens pendant la messe, à l'église.
3. Il s'agit d'un sermon. L'orateur reproche à ses paroissiens de ne prier que par intérêt. Ils oublient Dieu quand tout va bien mais ont recours à lui quand ils ont besoin d'aide, ici parce que la source ne coule plus.
4. L'histoire de l'Adolphin est symbolique: celui-ci ne venait voir le père du curé que pour lui demander un service. Les villageois se conduisent de la même manière à l'égard de Dieu.
5. Certains paroissiens sont confus, d'autres sont amusés (l. 11–12 et 43–44).
6. *Un village:* «petite église», un seul café, tout le monde se connaît.

   La Provence: indications géographiques: Sisteron, l'olivier, la vigne. Il s'agit là de la région où habitait le curé quand il était jeune; on peut supposer qu'il ne s'en est pas trop éloigné. Le problème de la source tarie est particulièrement grave dans le Sud. – Indices «sociaux»: le pastis à la terrasse du café – Indices linguistiques: estransinés, la coucourde.

Analyse

7. La phrase exclamative est la plus employée.

   Fonction expressive: elle se manifeste dans les exclamations qui traduisent les sentiments de l'orateur (indignation).

   Fonction impressive: chaque phrase met en cause l'auditoire directement interpelé: «Allez, allez, bande d'Adolphins …». La 2ème personne du pluriel est présente partout («Ce que vous faites …»).

   Fonctions impressive et expressive se superposent dans l'emploi des péjoratifs (dépréciatifs) et de l'ironie qui traduisent la désapprobation du curé devant «le coup de l'Adolphin» et «la petite malice» des villageois, et tentent aussi de faire honte et d'influencer.

8. Dans son sermon, le curé tente certes d'éclairer la raison, mais il fait essentiellement appel à l'affectivité. Ici, l'orateur veut montrer que Dieu n'est pas dupe des prières intéressées de ses ouailles, et que, par conséquent, il n'est pas raisonnable d'agir ainsi. Il cherche cependant avant tout à susciter chez les coupables des sentiments de honte et de repentir …

9. Moyens utilisés:

   a. *L'assertion:* l'orateur dit aux auditeurs «leurs quatre vérités». Il ne juge pas nécessaire de prouver que les actions commises sont mauvaises, ceci étant évident. «Ce que vous faites, c'est le coup de l'Adolphin» … «Ce sont des prières pour les haricots».

   b. *Le renvoi à la réalité*, à l'expérience quotidienne. Par l'histoire de l'Adolphin, le curé fait allusion à une situation concrète, connue de tous, claire et unanimement condamnée.

c. *L'appel à l'identification:* cette même histoire permet à tous de s'identifier au père du curé et de condamner l'Adolphin (c.-à-d. eux-mêmes). L'identification se fait aussi dans le dernier paragraphe: en énumérant les divers soucis de ses paroissiens («Il y en a qui sont inquiets pour le jardin …»), le curé les force à se sentir concernés.

L'argumentation n'est pas sans logique: si les villageois condamnent l'attitude égoïste de l'Adolphin, ils sont bien obligés de condamner une attitude identique, la leur, à l'égard de Dieu.

10. M. Belloiseau est surtout choqué par la langue familière du discours, totalement inefficace à ses yeux. Il a sans doute l'habitude de sermons «nobles» où l'orateur prend ses distances vis-à-vis de l'auditoire et fait appel à des vérités générales, sans références précises à la vie des cultivateurs ni anecdotes «exemplaires».

11. Le niveau de la langue est celui de l'usage familier, populaire. On note l'emploi de mots familiers: «rigoler» (l. 10), «l'Adolphin qui s'amène» (l. 23), «le coup de l'Adolphin» (l. 34), «bande de …» (l. 37), ou de termes régionaux: «estransinés» (l. 36). Certaines constructions appartiennent à la langue orale familière: «il y en a pas mal qui …» (l. 39), «tout ça c'est …» (l. 52). On remarque des comparaisons peu littéraires: «Ça n'a pas plus d'ailes qu'un dindon plumé!» (l. 53). L'orateur connaît probablement chacun de ses paroissiens. Il leur parle en tant que prédicateur, mais aussi comme un des leurs, d'origine paysanne lui aussi.

12. L'orateur utilise l'accumulation pour rendre plus précise et crédible une situation (les différentes raisons de la venue de l'Adolphin, l. 27 à 30), pour offrir une image plus concrète et complète de la situation et des personnages (description de la fausse piété, l. 35 à 36), pour insister sur la puérilité des paroissiens (l. 48 à 49), la vanité de leurs prières (l. 50 à 52). La comparaison «ça n'a pas plus d'ailes qu'un dindon plumé» veut souligner la médiocrité des prières en utilisant une image ridicule.

Commentaire

13. Les élèves s'accorderont probablement à condamner une attitude intéressée, mesquine, fondée sur l'exploitation d'autrui.

14. Machiavel prônait cette maxime (Le Prince, 1513): en politique seul compte le but à atteindre. Peu importent les moyens utilisés: le sens moral ne doit pas les limiter. Toute dictature cherche à justifier sa politique. Qu'il s'agisse de la vie politique ou d'une affaire privée de peu de poids (voir le texte), il faut d'abord se poser cette question: le but à atteindre n'est-il pas à considérer en fonction des moyens employés? Ceux-ci ne détruisent-ils pas des relations essentielles au but lui-même? (le cousin obtient sa charrue, mais

récolte le mépris de sa famille, rendant par là impossible le système de relations «services rendus entre parents ou amis»).

15. Il est possible que le ton familier du discours n'impressionne guère les villageois. Cependant, ce discours à leur portée, qu'ils comprennent parfaitement et qui a un peu le caractère d'une «engueulade» paternelle, ne les laisse pas indifférents. Certains baissent la tête «par confusion». En tout cas, on peut toujours réfléchir sur ce qu'on a compris. Un discours plus rhétorique les aurait peut-être impressionnés, mais quelles traces aurait-il laissées?

Communication – créativité

16. *Par exemple:* – C'est quand même vrai ce qu'il dit le curé, tous ceux du café par exemple, qui ne viennent jamais à la messe, tu peux me dire pourquoi ils sont venus?
    – On (ne) vaut pas mieux. C'est vrai qu'on est comme l'Adolphin. On prie le Bon Dieu quand on a besoin de lui. Mais entre nous, c'est quand même normal, non. C'est pas le curé qui va nous la rendre, la source! C'est sûr qu'on prie pour nos tomates, mais on en vit, non …?

17. *Par exemple:* – Mes frères, il faut changer votre attitude. Il faut que chacun de vous s'interroge sur le sens de cette punition – car cette source tarie est une punition –, il faut que chacun de vous se demande en quoi il l'a méritée. Personne n'est innocent. Tous vivent en égoïstes, selon la loi du chacun pour soi. Mes frères, Dieu ne vous écoutera que si vous faites preuve d'un véritable repentir et d'une solidarité nouvelle dans notre village … Prions ensemble …

7. La paix

Geeignet für Grund- und Leistungskurs.

Als «discours politique» knüpft diese Rede Victor Hugos an den Text «Les prières adolphines» an, indem hier weitere stilistische und strukturelle Merkmale der «textes discursifs» vorgestellt und erläutert werden. Die Vision Hugos von einem in Frieden geeinigtem Europa erscheint heute aktueller denn je und dürfte Anstöße zu lebhaften Diskussionen ermöglichen.

L'auteur et son œuvre: Victor Hugo (1802–1885) occupe une place exceptionnelle dans l'histoire des lettres françaises. Il domine le XIXe siècle par la durée de sa vie et la diversité de son œuvre: Poésie épique, lyrique, satirique (*Les Contemplations* en 1856; *La Légende des Siècles,* 1859; *L'Art d'être grand-père*

(1877), drames (*Hernani,* 1830), romans, (*Notre-Dame de Paris,* 1831; *Les Misérables,* 1862; *Les Travailleurs de la mer,* 1866; *Quatre-vingt-treize* (1874).
Convaincu que le poète a une mission politique et humanitaire, Victor Hugo prit une part active à la vie politique du pays. Pair de France en 1845, député en 1848 puis fondateur du journal l'*Evénement,* il se désolidarise de «Napoléon le petit» et doit s'exiler à Jersey. Il sera à nouveau élu en 1871 à l'Assemblée nationale. Dans ses discours dominent ses idées sur la paix, la justice sociale, le désir d'une société juste et pacifique. «[La République] sera la sainte communion de tous les Français dès à présent et de tous les peuples un jour, dans le principe démocratique ... Elle subordonnera la force à l'intelligence ...»: (Discours du 4 juin 1848). «Je donne tous mes manuscrits ... à la Bibliothèque nationale de Paris, qui sera un jour la bibliothèque des Etats-Unis d'Europe»: (Testament, 31 août 1881).

Compréhension du texte

1. C'est un discours de politique internationale, sur le thème de la paix.
2. a. Proposition principale: «... tous les gens sérieux ... *se fussent écriés:* Oh! le songeur, etc.»
   b. Il y a quatre siècles, si quelqu'un avait prédit que les régions de France vivraient en paix, ne formant qu'un seul peuple, personne ne l'aurait cru et on l'aurait traité de rêveur.
3. Les pays d'Europe formeront un grand ensemble politique. Mais cette communauté ne signifiera pas uniformité: chaque pays gardera son individualité, ses caractères propres, son originalité.
4. Un jour viendra où il n'y aura plus de guerre en Europe. Celle-ci formera une communauté régie par un «grand Sénat souverain». Les armes ne seront plus que des pièces de musée.

5.

Champs lexicaux	*Thèmes-clefs complémentaires*	*Thème majeur*
la guerre – lever des hommes d'armes – les uns contre les autres – peuplades ennemies – les armes – les boulets – les bombes – un canon	la guerre	
Négation des termes de guerre. Ex.: vous ne ferez plus la guerre ... Les armes vous tomberont des mains – la guerre paraîtra absurde	*notions opposées* la paix	LA PAIX

29

un peuple – la civilisation –
une unité supérieure – la
Fraternité européenne – se
sont fondues – le suffrage   l'union des peuples.
universel des peuples – grand
Sénat souverain

6. L'imparfait de la relative introduite par *où* (l. 7) et les conditionnelles au plus-que-parfait du subjonctif (eût dit ... se fussent écriés) décrivent une situation passée (il y a quatre siècles), celle des états en guerre ... Le présent («Cette chimère, c'est la réalité» l. 20) est celui de l'orateur et de ses auditeurs («Vous dites aujourd'hui et je suis ...» l. 21 à 23). Il forme une charnière entre le passé et le futur des prédictions, temps dominant du texte. Le futur de la prédiction imaginaire du passé (l. 10 à 15) et celui de la prédiction de Victor Hugo (l. 24 à 41) se rejoignent et forment une opposition massive avec le passé d'il y a quatre siècles comme avec le présent de Hugo.

7. La dynamique du texte repose sur l'opposition passé-futur et guerre – paix, l'idée de paix et d'union des peuples étant toujours perçue comme une idée «en avance» sur son temps, une pensée «en marche» que les peuples doivent rattraper pour pouvoir la vivre.

8. On peut distinguer une introduction (les deux premiers paragraphes qui posent le problème au conditionnel et rappellent le passé), l'exposé des faits, réduit à une seule ligne («Cette chimère, c'est la réalité», l. 20) et l'argumentation du paragraphe suivant. Des faits du passé, Hugo tire des conséquences pour l'avenir.

9. Hugo fait appel à la logique en présentant l'argument suivant: puisque les choses se sont passées ainsi au cours des siècles, elles se présenteront de la même manière dans l'avenir: l'histoire confirme la progression de la paix dans le temps. Mais Victor Hugo agit aussi sur l'affectivité des auditeurs en suscitant des sentiments d'espoir. Il tente également de séduire, d'enflammer son auditoire en l'entraînant dans un rêve de paix (dernière partie). A noter dans ce jeu de la séduction l'importance des effets rhétoriques, voir question 10.
Outre l'argumentation logique, Hugo fonde essentiellement son discours sur un renvoi à la réalité (le passé, l'histoire devenant des preuves). Il fait aussi appel à l'identification (l. 21 à 23).

10. A noter d'abord que l'ensemble du texte est fondé sur une vaste comparaison (passé-présent) et sur l'antithèse des notions guerre et paix. Au niveau de la phrase elle-même, on relève l'importance des accumulations (les noms de provinces, de pays, de villes destinés à l'universalité des vérités énoncées), la répétition des structures (parallélisme des subordonnées aux lignes

24 à 41) qui créent un effet d'insistance, soulignent la fatalité de l'accomplissement des prédictions. Tout le texte est en fait construit sur un vaste mouvement de reprises, marquées par les anaphores: «Un jour viendra où ...» Celles-ci ont aussi une fonction incantatoire comme si l'affirmation répétée d'un état à venir finissait par le susciter.

L'antithèse fondamentale des notions *guerre – paix* se retrouve dans l'opposition de termes tels que *peuplades* ennemies – *peuple, boulets-votes, force – justice.*

Le ton général du texte est celui de l'hyperbole. L'enthousiasme emphatique des déclarations s'exprime dans des termes tels que «votre glorieuse individualité», «votre âme», dans l'absence totale de restrictions: «Un jour viendra où l'on montrera un canon dans les musées, etc.», dans l'emploi du futur prophétique.

Commentaire

11. C'est un pacifiste, généreux, capable d'enthousiasme, trop optimiste, et un grand orateur «visionnaire».

12. Ce discours semble dépassé dans son style trop emphatique ainsi que sur le plan des idées: un canon est en effet désormais un objet de musée, non parce qu'on ne se bat plus, mais parce qu'on a trouvé des armes plus terribles. Cependant le souffle du discours, sa motivation, ses espoirs restent ceux des pacificistes de tous les temps.

13. On n'imagine plus de guerre entre l'Allemagne et la France ou en Europe de l'Ouest, mais V. Hugo aurait été bien déçu s'il avait eu connaissance des charniers des deux guerres mondiales de ce siècle. Le problème se présente maintenant différemment. La formation des deux blocs Est-Ouest, l'opposition des deux grandes puissances URSS et Etats Unis, l'existence de la force nucléaire, les problèmes mondiaux (Moyen-Orient) ont rendu la paix plus précaire et un discours aussi optimiste que celui de Victor Hugo impossible.

Communication – créativité

14. Les pacifistes d'aujourd'hui ont une démarche inverse de celle de V. Hugo. Il s'agit de montrer que la guerre est possible et qu'elle signifierait l'anéantissement du monde.

15. Réponses personnelles des élèves.

8. Les Mohammed

Dieser Schüleraufsatz liefert eine besondere Art des *plaidoyer*; die positive Charakterisierung eines nordafrikanischen Mitschülers und die fälschlich naive Beschreibung des Gastarbeiterdaseins in der französischen Gesellschaft sind eine indirekte Polemik gegen den Rassismus. Hier lernen die Schüler, die Intention des Autors anhand seiner Personencharakterisierung zu analysieren.

Über das Thema «immigrés» liegen viele Texte und Sammlungen vor. Besonders geeignet wäre das Chanson von François Béranger *Mamadou m'a dit;* über «immigrés et délinquance» das Chanson von Karim Kacel *Banlieue* (Chanson des Films: *Le thé au Harem d'Archimède*).

Compréhension du texte
1. Mustapha est Algérien. C'est un Kabyle (l. 18).
2. Parce que son père «avait son congé en juin» et que Mustapha a dû manquer la classe.
3. C'est un élève doué et travailleur. Il a des lectures bien au-dessus de son âge, il a «envie d'apprendre».
4. Ouvrier de chantier, maçon, la plupart du temps simple manœuvre.
5. Fils d'immigrés, Mustapha appartient à la catégorie sociale doublement défavorisée des ouvriers non spécialisés (voir q. 4) et étrangers.
6. Le père de l'auteur de cette rédaction est chef de chantier. «Il est juste» avec les immigrés. Mais il en parle avec beaucoup de suffisance. Ce sont des «énervés», des «fous» aux coutumes bizarres. Ils ont même droit à l'hôpital quand ils se blessent (l. 39)!
7. Il interdit à ses enfants de fréquenter des Arabes. Une désobéissance éventuelle serait punie de coups.
8. Mustapha regarde jouer les enfants de l'immeuble sur leur terrain réservé. On ne l'autorise pas à participer aux jeux. Il les regarde avec envie de l'extérieur. Et lorsqu'un enfant se moque de lui (lui proposant des cacahuètes comme à un singe) Mustapha ne réagit pas, mais ses yeux sont pleins de haine.

Analyse
9. La caractérisation de Mustapha comme celle des «Mohammed» est directe. C'est le narrateur (l'ami de Mustapha) qui décrit le jeune Kabyle et dit ce qu'il pense de lui. Puis il parle des «Mohammed». Il porte d'abord sur eux un regard de témoin «objectif» (?), puis, il rapporte ce que dit son père.
10. *Portrait physique:* le narrateur campe en deux lignes (l. 5–6) le physique d'un petit Algérien (petit, sec, noir ...). Ce portrait physique contient déjà

des éléments du *contexte social:* «habillé à la diable» annonce que l'enfant vient d'un milieu humble. Les lignes suivantes sur les vacances du père auquel on ne demande pas son avis – il y est expédié – et sur l'identité de celui-ci «un Mohammed» précisent ce portrait social. Le dernier passage (l. 50–56) montre que Mustapha comme tous les «Mohammed» est un exclu, un rejeté de la société.

Portrait moral: Mustapha est intelligent, timide, sérieux, artiste. Il est imaginatif, c'est un grand lecteur, déjà cultivé, il ne manque pas d'ambition: il veut devenir professeur de français chez lui, en Kabylie. Il est sensible à l'injustice qui lui est faite (ainsi qu'à ses compatriotes), en France. C'est par opposition qu'il définit son avenir comme celui d'un «maître juste». Il a déjà appris à «encaisser» (son redoublement, les injures des enfants) mais aussi à haïr. La dernière phrase laisse penser que l'enfant, timide et réservé qu'il est, pourrait un jour devenir violent.

11. L'auteur du devoir éprouve de l'amitié et de l'admiration pour Mustapha. Sa description du jeune Kabyle est faite de louanges. Il énumère les qualités de l'enfant, ne cite aucun défaut, n'a aucune restriction. Il a le regret de le voir peu: «Je ne le vois, hélas, qu'au lycée».

12. Alors que le portrait de Mustapha est fait de mélioratifs (intelligent, sérieux, etc.), celui des «Mohammed» est très péjoratif. La dénomination «un Mohammed» est blessante (un prénom pour tous, pas d'individualité), ainsi que la description de «ce que c'est qu'un Mohammed» qui pourrait être celle d'un robot (casse les cailloux, ouvre le ventre des rues, etc.) ou d'un animal «on les touche et ça gratte ...» (en parlant des mains). Les adjectifs deviennent clairement péjoratifs dans la bouche du père (maladroits, fous ...). L'auteur établit ainsi un contraste entre la masse des Nord-Africains, masse que les Français veulent anonyme et peu intéressante et un individu, Mustapha, qui fait partie de cette masse et qui est un brillant sujet. Si l'on voulait bien voir les personnes, les individus qui composent un groupe, le regard porté sur ce groupe ne serait pas le même.

13. Les premières observations (portrait physique des «Mohammed», description de leurs travaux) semblent être celles d'un observateur naïf qui raconte ce qu'il voit: des personnages bizarres, mal habillés qui font des travaux dangereux. La définition «Un Mohammed est un homme qui fait, en France, tout ce que les Français ne veulent plus faire» est une phrase que l'on entend couramment. Les locuteurs veulent par là soit blâmer la paresse des Français et montrer leur dette à l'égard des immigrés, soit souligner le fait que ceux-ci ne peuvent faire que des travaux inférieurs. La deuxième partie (à partir de la ligne 33) retransmet le commentaire du père de l'auteur. Les ouvriers immigrés de son chantier ont droit à la Sécurité sociale «et

même à l'hôpital». Ce fait est présenté comme un effet de la générosité française! Les «Mohammed» sont énervés parce qu'ils boivent du thé! Observation négative ici qui pourrait être positive: les Arabes ne sont pas alcooliques. Ils vivent «à quinze ou vingt dans une chambre» parce qu'ils envoient leur argent à leur famille. Bêtise ou générosité? Solidarité?

14. L'auteur semble répéter naïvement ce qu'il voit et ce qu'il entend dire à un père «juste». Or cette juxtaposition d'observations et de réflexions nous fait prendre conscience des conditions de vie difficiles des Nord-Africains et du racisme du père. L'effet obtenu répond certainement à une intention car l'amitié du jeune auteur pour Mustapha l'a fait réfléchir. On sent qu'il comprend bien son copain quand «il y a dans ses yeux de la haine». Par l'emploi d'une fausse naïveté (qu'il a peut-être tirée de La Bruyère ou de Voltaire qui font partie des morceaux choisis des livres de français) l'auteur dénonce le racisme.

15. Dénoncer le racisme, montrer que les Nord-Africains sont des hommes, des individus intéressants, souligner la détresse des enfants algériens en butte au mépris d'autres enfants: ces intentions font du devoir de l'enfant un plaidoyer en faveur des immigrés nord-africains, un réquisitoire contre le racisme. Portraits et observations ne sont pas neutres: l'attitude du narrateur y apparaît à travers l'emploi des mélioratifs et des péjoratifs. La dernière phrase est conçue comme un avertissement. La fausse naïveté des descriptions est calculée en vue d'un effet à obtenir. L'élève veut persuader ici par l'exposition des faits et non par une argumentation théorique. Cependant il faut remarquer que ces intentions ne sont peut-être pas toutes conscientes chez un enfant de cet âge. Elles le sont certainement chez le professeur (auteur du livre) qui publie le devoir de son élève.

Commentaire

16. Jeanne Delais a sans doute remanié pour son livre des détails de style et d'orthographe. Nous pouvons croire cependant que l'ensemble du devoir est authentique. Un bon élève de 12–13 ans est tout à fait capable de rédiger un tel texte, celui-ci se maintenant au niveau de la simple description (non de l'argumentation théorique). Le langage est relativement simple (pas de mots rares ni de structures complexes). La force du devoir réside dans sa composition et la justesse du ton.

17. Commentaires personnels. *Contre:* c'est un raciste; il est brutal, stupide. *Pour:* il a peur pour ses enfants.

Communication – créativité

18. Vocabulaire: s'engager pour – faire appel à – favoriser certaines formes d'action: séances d'information – manifestations culturelles (promouvoir les œuvres d'artistes immigrés) – cercles de discussions – fêtes au niveau du quartier, dans le cadre de l'école, de l'entreprise – création de parrainages (de familles, d'enfants) …

19. Par exemple:
   - Qu'est-ce que c'est que ce voyou que tu nous as amené?
   - Ce n'est pas un voyou. C'est mon ami Mustapha.
   - Je t'ai interdit de fréquenter des «Mohammed». Il n'y a pas assez de Français dans ta classe?
   - Mustapha est bien plus gentil et c'est un des meilleurs élèves.
   - Encore un qui fait du vent probablement et les profs se font avoir. En tout cas, il n'a pas à nous amener ses poux ici. Tu sais que je n'ai rien contre les «Mohammed». Mais chacun à sa place …

9. Entendez-vous?

Entendez-vous führt in eine andere Art argumentativer Texte ein: *essais, dissertations, exposés*. Die Schüler können hier ihre in bezug auf Redestrategie erworbenen Kenntnisse anwenden und die Bedeutung der sprachlichen Mittel in einem argumentativen Text untersuchen. Ein weiterer für das Thema «les handicapés» geeigneter Text: *La Symphonie pastorale*, André Gide, le Livre de Poche.

Compréhension du texte

1. a. und b.
   - mots-clefs: aveugle (personnage de tragédie, de liège, joyeux) sourd (personnage de comédie, de plomb, triste)
   - → thème: la condition de l'aveugle et du sourd dans la société
   - mots-clefs: ne pas entendre, ne pas se faire entendre (derrière une vitre, insecte affolé, prison, film muet, monde de la peur)
     ne pas comprendre, n'être pas compris (étranger, exilé) incommunicabilité
   - → thème: l'impossibilité de communiquer, l'isolement du sourd
   - mots-clefs: notre frivolité (objet de plaisanterie, rient de lui) la faute à qui? (notre manque d'amour)
   - → thème: notre conduite inconsciente à l'égard des sourds

2. La première inscription nous donne une simple information. Elle nous renseigne sur la nature de l'infirmité du mendiant. La seconde, composée de deux propositions complètes a un caractère appellatif: «*Vous voyez* le printemps» et marque une opposition: «*moi,* je *ne* le *verrai jamais.*» Mais surtout elle remplace le signifiant «aveugle» par une sorte de périphrase suggestive: l'aveugle est celui qui ne verra pas le printemps.

3. Or, le mot *printemps* fait appel à notre imagination et à notre affectivité grâce à ses connotations: printemps = beauté, fraîcheur, renouveau, joie de vivre, couleurs des feuilles et des fleurs, etc. En suggérant ce qui manque à l'aveugle (et que nous, nous connaissons et aimons tant) le mot nous permet de mieux comprendre sa détresse.

4. Les sourds sont plus à plaindre que les aveugles d'après Cesbron car ils sont exclus de la société. Leur infirmité est un «objet de plaisanteries». L'aveugle a droit à notre pitié, c'est un «personnage de tragédie»; le sourd, lui, est devenu, à cause de notre «frivolité», «un personnage de comédie». Il est considéré comme un incapable ou un gêneur. Sa situation est pourtant plus tragique puisqu'il ne peut communiquer.

5. Les dernières lignes sont un appel à l'amour: il faut se montrer plus fraternel à l'égard des sourds. Peut-être seront-ils plus joyeux à leur tour?

Analyse

6. a. *1ère partie:* jusqu'à «... un personnage de comédie» l. 12: notre compréhension des aveugles; notre incompréhension des sourds.

2ème partie: jusqu'à «... sous-titres» l. 18: la prison de la surdité (l'impossibilité de communiquer)

3ème partie: jusqu'à «... rient de lui.» l. 26: les joies dont est privé le sourd.

4ème partie: jusqu'à «... ne le peuvent pas.» l. 36: l'incommunicabilité au siècle «des moyens de communication».

5ème partie: jusqu'à la fin: rappel de notre culpabilité. Appel à notre amour.

b. Comme le montre l'étude des mots-clefs et celle du plan, l'idée première du texte est que l'impossibilité de communiquer est un des pires malheurs de l'homme. De surcroît, nous aggravons par notre légèreté la situation désespérante des sourds. Ce sont des exilés, non seulement parce qu'ils sont privés des joies essentielles, vitales de la communication, mais aussi parce que nous les rejetons.

L'auteur fait appel à la raison du lecteur en montrant l'illogisme de sa conduite: nous avons pitié des aveugles, non des sourds. La comparaison des deux situations doit nous convaincre de notre «frivolité». Mais il tente surtout d'agir sur notre affectivité en éveillant des sentiments de honte, de pitié et d'amour. En énumérant des situations que nous connaissons tous, Cesbron nous incite à la compréhension, voire à l'identification: (voir par exemple lignes 30 à 32).

c. Cette demande de compréhension et d'amour apparaît clairement dans la fonction persuasive du langage: Nous ne pouvons échapper au «nous» dont parle l'auteur. Il s'agit bien de *notre* frivolité, c'est à *notre* poursuite que s'épuise le sourd. C'est *notre* amour qui pourrait changer sa situation. L'auteur se désolidarise de ce *nous* coupable pour s'adresser directement aux lecteurs: «Je vous demande de relire cette phrase d'un cœur neuf ...» «Avez-vous seulement songé ...» Le plaidoyer prend dans ces passages le ton d'une prédication, d'un sermon.

7. Si le *héros* du texte est l'homme sourd, l'objet de sa quête est la communication avec les autres êtres humains. Ses adversaires sont sa surdité et la frivolité ou l'égoïsme des autres. Ceux-ci détiennent la valeur désirée: c'est d'eux que dépend la communication. L'auxiliaire du *héros* ne peut être que la compréhension d'autrui à son égard. Ce même *héros* est également le bénéficiaire de l'action.

8. Certains mots pris au sens figuré sont des clichés passés depuis longtemps dans la langue: *relire d'un cœur neuf, étranger ... exilé, nos formilières.* Cependant ils ont une force d'expression plus efficace ici: on fait appel au *cœur* plus qu'au *regard,* les *formilières* signalent la multitude des villes et le mal de l'anonymat, etc. Mais les images les plus fortes sont celles de la «vitre contre laquelle il ne cesse de se heurter, tel un insecte affolé». Cette *métaphore filée* nous impose une image que nous connaissons bien. Elle visualise la situation du sourd et son désespoir. De même la *comparaison* originale «comme un film de cinéma muet». Ici nous sommes mis à la place du sourd, car nous avons été spectateurs de tels films. La transposition à l'univers des sourds se fait plus facilement. Enfin, les dernières métaphores (de liège, de plomb, surnager, couler) doivent frapper grâce à leur simplicité et à leur concision de verdict. Là encore, l'auteur rend concret un désespoir que nous ne voyions peut-être pas.

9. *Questions oratoires:* l. 1–3 «Qui ne connaît, etc.» – l. 5–6 «Donneraient-ils à un sourd? Aident-ils, etc. – l. 9 «en quoi ne plus jamais entendre le chant des oiseaux, etc.» – l. 12–13 «à qui n'est-il pas arrivé dans ses cauchemars, etc.»

Par ce procédé, l'auteur engage la responsabilité du lecteur, forcé de reconnaître des évidences. La question contient une réponse que l'on ne peut modifier sous peine d'être de mauvaise foi. On est obligé d'admettre, qu'en effet, on n'aide pas, on ne plaint pas les sourds; qu'en effet, il n'est pas drôle de ne pas entendre le chant des oiseaux.

Gradations: 1. l. 25–26 «étranger sur terre, exilé parmi les hommes, qui, en cachette, rient de lui.» Ici, le troisième terme de la gradation, «rient de lui» n'est pas sur le même plan grammatical que les adjectifs «étranger … exilé» mais il renforce sémantiquement la notion d'isolement contenue par ceux-ci, précise l'idée du *rejet* qu'annonçait le deuxième terme «exilé *parmi les hommes*». 2. l. 33–34 «… des incapables, des gêneurs, des morts.» Le dernier terme, dans sa concision et sa violence conclut l'articulation logique des trois termes: ils sont gêneurs parce qu'incapables, on en fait des *morts* parce qu'ils nous gênent: on élimine ce qui est différent, freine notre rythme de vie.

Commentaire

10. Les sourds sont plus à plaindre que les aveugles parce qu'ils souffrent d'une double isolation: celle que leur impose leur infirmité puisqu'ils ne peuvent ni comprendre ni se faire comprendre, ni téléphoner, ni se réjouir des bruits familiers (clef, chanson, etc. l. 19–20) ni entendre «la musique du monde». Celle également que leur impose une société frivole qui se moque d'eux, les repousse ou les ignore. Commentaire: réponses personnelles. On peut objecter à Cesbron que l'aveugle est plus dépendant que le sourd, qu'il est faux que le sourd ne puisse pas communiquer: il lit les paroles sur les lèvres de son interlocuteur et peut communiquer par signes. Certains sourds-muets apprennent à parler. En ce qui concerne les moqueries, elles concernent plutôt les personnes «dures d'oreille» que les vrais sourds et sont dues aux quiproquos comiques qui peuvent avoir lieu, mais il ne semble pas que l'on rie des sourds-muets. Cependant le texte de Cesbron a le mérite de nous faire considérer le problème «d'un cœur neuf» en cumulant les exemples précis, les images qui touchent même si certaines affirmations ne sont pas convaincantes.

11. On peut évoquer le rôle des médias: la télévision, le magnétoscope, l'ordinateur nous isolent. Ils ont remplacé la veillée commune, la sortie au cinéma ou au théâtre, les jeux de société, le contact avec un enseignant et des étudiants, etc. La famille moderne éclate: les vieux vont en maison de retraite, eux aussi sont des gêneurs. L'architecture des grands immeubles où chacun ignore son voisin renforce notre isolement.

Les grandes surfaces où l'on paye anonymement à la caisse ont remplacé le petit magasin du coin où on bavardait avec l'épicier. Le stress aussi, etc.

Communication – créativité

12. Quelques idées de discussion:
    a. Elargir l'application de techniques déjà au point. Certains appareils permettent de lire les dialogues d'un film à la télé.
    b. Multiplier les émissions de télé (actualités, etc.) où apparaît dans un coin de l'écran une personne qui traduit les paroles du speaker en langage par signes des sourds et muets.
    c. Appuyer les recherches scientifiques et techniques sur les appareils (déjà très sophistiqués) qui réduisent en partie la surdité.
    d. Permettre l'intégration des sourds-muets dans toutes les écoles.
    e. Sensibiliser l'opinion aux problèmes des sourds-muets.

10. Cantines scolaires

Welches sind die Merkmale eines Artikels? Wie sind diese Merkmale auszuwerten? (Funktion der Titel, der Photos, der Zeichnungen.) Welches sind die stilistischen Mittel eines kritischen, satirischen Artikels (jeux de mots, métaphores, ironie)?

Der Schüler wird hier in eine Analyse von Zeitschriftenartikeln eingeführt. Weiter lernt er, die logischen Bezüge in einem argumentativen Text zu erkennen.

Le Canard enchaîné: il doit son nom au double sens du mot «canard» en argot: journal et fausse nouvelle; à la censure (enchaîné). Fondé en 1915, il a pour vocation de ne publier que des nouvelles «rigoureusement inexactes», contrairement aux journaux officiels qui diffusent les nouvelles «vraies». Ses quatre pages contiendront des caricatures, des pastiches, des articles satiriques. Antimilitariste, anti-clérical, anti-capitaliste, le Canard modifie sa formule sous la Ve République, s'orientant vers la publication de documents et de révélations exclusives et en faisant une place plus grande à l'information. L'énumération des scandales révélés dans les vingt dernières années serait longue. Citons pour 1979 la publication de la Feuille d'impôts de Giscard d'Estaing ou l'affaire des diamants offerts par Bokassa au Président.

Le Canard enchaîné, «journal satirique paraissant le mercredi», publie périodiquement des «dossiers» (toujours satiriques et illustrés d'abondantes caricatures) faisant le point sur un sujet de politique ou de société (le sport et l'argent, la nourriture, la force de frappe, etc.).

Compréhension et analyse des titres et légendes

1. Titre de rubrique (cantines scolaires), titre de l'article sont précédés d'une photo et de sa légende. L'article est disposé sur deux colonnes, la première est coupée par une illustration humoristique (un morceau de saucisson et son étiquette) dont le texte «pure cochonnerie» joue un rôle d'intertitre puisqu'il annonce un paragraphe détaillé sur la mauvaise qualité des menus. Titres, photo, dessin ont tous la même fonction référentielle: il s'agit de faire passer une information sur les cantines scolaires. Mais cette information n'est pas neutre. La photo, le texte du dessin, le titre de l'article concourent au même effet critique: le lecteur saisit aussitôt le sens global de l'article – les cantines sont mauvaises – et la position de l'auteur.

2. Le titre de rubrique, purement informatif, «classe» l'article, indique son thème. Le titre de l'article dépasse le niveau informatif. C'est à la fois un titre-commentaire puisqu'il indique la position critique du journal par l'emploi des péjoratifs (indigestion, mauvaise) et un tire incitatif parce qu'il pose indirectement une question: quel est le rapport de l'indigestion et de la mauvaise gestion? Il frappe par la répétition du mot *gestion*, pris isolément et contenu dans le mot *indigestion*.

3. Le titre repose sur le jeu de mots *indigestion/gestion*. Une indigestion est une indisposition due à une mauvaise assimilation des aliments. Il y a une mauvaise «gestion» de ceux-ci dans l'estomac. Or, cette indigestion est due à une mauvaise gestion administrative et financière. Le jeu de mots repose donc ici sur l'emploi du mot *gestion* pris d'une part dans son acception habituelle (mauvaise gestion) et retrouvé dans le mot *indigestion* où il passe en général inaperçu.

   Jour de frites à la cantine: *ça s'arrose!* Un heureux événement s'arrose au champagne, au vin, etc. Les frites à la cantine, c'est la fête, car c'est peut-être ce qu'il y a de moins mauvais!

   Pure cochonnerie: le porc est aussi nommé *cochon*. On parle de *saucisson pur porc*. L'expression est donc calquée sur la dénomination habituelle, mais elle joue sur le sens de «cochonnerie»: objet dégoûtant. La charcuterie servie dans les cantines est de très mauvaise qualité. Ces jeux de mots donnent un ton ironique/sarcastique à l'ensemble du texte.

Compréhension des colonnes de l'article

4. Le 1er paragraphe imite le style des recettes: comment faire d'un bébé un petit gastronome; comment faire de ce petit gastronome un barbare amateur de frites, de nouilles et de steak haché.

   Le goût, «la curiosité gastronomique» se forment dès le plus jeune âge.

C'est une question d'éducation. Mais deux ou trois mois de cantine peuvent ruiner totalement les acquis de cette éducation.

5. Contexte social français: l'existence même des cantines nécessaires à cause des cours de l'après-midi (l. 68), la revue française «50 millions de consommateurs» (l. 63), «l'exemple parisien» (l. 88).

6. Le désastre (l. 19 et 71), c'est la mauvaise alimentation des enfants. Les cantines sont désastreuses pour la santé (trop de graisses), pour la scolarité (on dort pendant la classe) et bien sûr pour la formation du goût.

7. L'auteur accuse «la puissance publique et les municipalités», la mauvaise organisation et gestion (la «gabegie») des cantines, leurs économies de «bouts de ficelle»: les produits sont de mauvaise qualité, le personnel des cuisines n'est pas qualifié. Disculpés sont donc les cuisiniers eux-mêmes, mal payés, non qualifiés.

8. L'auteur aborde, par le biais du problème des cantines, celui de «la cuisine de masse», de la «standardisation de la table». On pense, bien sûr, à la multiplication des produits surgelés, à l'implantation des self-services, au triomphe du hamburger.

Analyse des colonnes de l'article

9. a. L'auteur de cet article renvoie essentiellement à la réalité: il rappelle des faits connus de tous, s'appuie sur des chiffres (nombre des cantines et des repas) pour montrer l'ampleur du désastre, sur des enquêtes (associations de parents d'élèves, revue «50 millions de consommateurs»). Mais il ne se contente pas de montrer les faits, il en rappelle les causes et en démontre les conséquences.

b. Le raisonnement logique s'organise ici autour d'un double rapport cause-conséquence: c'est une mauvaise gestion qui entraîne le désastre des cantines (voir titre-résumé). Ces repas désastreux ont des conséquences catastrophiques pour les enfants: le 1er paragraphe en souligne une: «... mettez-le à la cantine ... Laissez mijoter ... et le charmant bambin ne jurera plus que par ...» C'est la perte du bon goût et de la curiosité gastronomique. Aux lignes 55 à 59 l'auteur cite la conséquence la plus importante (juxtaposition) «Première conséquence de ...: la plupart des enfants ingurgitent trop de graisses ...»
Autre conséquence de la situation et de l'incapacité des pouvoirs: l'apparition de grosses sociétés privées qui guignent ce marché. «Il n'est pas étonnant que ...» (l. 96).
Sur les raisons de la mauvaise qualité des repas, l'auteur revient à deux reprises: «Les enfants mangent mal parce qu'il n'y a personne, etc.» (l. 29) et «Ils n'ont jamais été formés ... De plus ...» (l. 71–77). Ces deux causes

directes sont subordonnées à la raison déjà nommée de la «mauvaise gestion».

Il faut noter que l'organisation logique du texte ne suit pas le schéma rigide du rapport cause-conséquence exprimé selon un plan fixe (introduit par exemple par des conjonctions de subordination), mais se lit à travers le texte, souplement, ce qui le rend moins dogmatique, moins polémique et plus vivant.

10. La vive critique de l'auteur apparaît dans les péjoratifs très nombreux (le désastre, mangent très mal, menus affligeants, l'innommable macédoine, morne, fade, sauces non identifiées, ingurgitent, gabegie, bouffe en gros …), les métaphores également péjoratives et toujours humoristiques: le gamin «mijote» à la cantine, les spécialistes ont des «ulcères d'estomac» (des soucis), les menus conçus «avec des bouts de ficelle», les sociétés guignent «en bavant» (avec convoitise) le marché, le client sera «sous la fourchette». Ces métaphores presque toutes empruntées au domaine culinaire accentuent l'aspect sarcastique de l'article. On peut relever deux exemples d'ironie: les «esprits audacieux» (l. 25) (il s'agit ici de tromperie plus que d'audace futuriste – un esprit audacieux est l'esprit d'une personne qui voit loin) et la «vedette» du hit-parade des déjeuners enfantins (l. 44), une vedette qui ne brille que par sa médiocrité.

11. Pour l'auteur, la nourriture, la qualité des repas est de première importance. S'il s'oppose à «la cuisine de masse», c'est qu'il veut défendre la cuisine individuelle et la gastronomie. Pour lui, le goût s'éduque dès l'enfance, non par les affreux «petits pots» que les mères achètent, mais par de «mignons petits plats».

Commentaire

12. La tendance à la cuisine de masse s'observe d'abord dès l'enfance (création de petits pots, des bouillies préfabriquées). La restauration devient de plus en plus internationale (steak-frites, escalope-frites) et trouve son apothéose dans l'implantation des self-services américains avec leurs hamburgers, coca-colas. Cette uniformisation se poursuit au moyen des médias et de la publicité: c'est ainsi que des émissions de télévision médiocres destinées à un «gros public» rendent médiocre et uniforme le goût de ce même public.

13. Pour: la présence des copains, le temps gagné. Contre: voir le texte.

Communication – créativité

14. Par ex.: Je suis cuisinier au Collège Guillaume Budé à X. Vous avez la gentillesse, dans votre article, de ne pas engager la responsabilité des cuisiniers dans le «désastre» des cantines. Pourtant, je voudrais protester contre la

généralisation des faits: d'après vous, on mange mal partout, dans toutes les écoles, le personnel n'a pas eu de formation, etc. Personnellement j'ai un B.E.P. de cuisinier, je sais équilibrer un repas et le cuisiner. C'est vrai, j'ai parfois recours à la macédoine (non innommable) et au poisson pané, mais c'est une question de prix: les enfants dont les parents ont un revenu faible ne payent presque rien. Croyez-moi, ils mangent plutôt moins bien à la maison ... Toutes les mères n'ont pas le temps et les moyens de fricoter de «mignons petits plats» ...

15. Par ex.: Pour remédier à la mauvaise qualité des repas, il suffirait de former le personnel des cantines. Ne pourrait-on pas augmenter les subventions de la ville?

16. Par ex.: Prenez un petit enfant de deux ans. Sortez-le progressivement de ses livres d'images, formez son imagination et son intelligence sans reculer devant les livres qui vous semblent encore trop difficiles, donnez-lui à goûter de jolies petites histoires, et dès qu'il commencera à manifester de la réflexion, à posséder du vocabulaire et de l'imagination, mettez-le devant la télévision. Laissez-le macérer quelques années: votre charmant bambin ne vous parlera plus que de poursuites au revolver, il ne se délectera plus que de Dallas.

11. La fièvre du samedi matin

Anhand dieses Artikels lernen die Schüler die verschiedenen Techniken des journalistischen Stils zu erkennen und zu analysieren. Folgende französische Artikel sind für den Unterricht besonders geeignet: die Wochenzeitschrift *VDS* liefert relativ leichte «articles de fond» über die verschiedensten Themen. Die Zeitschrift *l'Evénement du jeudi* enthält gut dokumentierte und klar verfaßte thematische Dossiers. Zum Vergleich politischer Auswertungen eines Ereignisses oder eines Themas eignen sich Artikel aus *le Nouvel Observateur, le Point, l'Express*.

Compréhension du texte

1. Vaut-il mieux donner le mercredi ou le samedi de libre aux élèves? Rubrique: école (vie scolaire).

2. La fièvre du samedi matin est d'abord la maladie prétexte des élèves: les mots d'excuses expliquent l'absence de l'enfant par quelque grippe ou autre indisposition. Mais le titre joue aussi sur le sens du mot «fièvre»: «vive agitation» (sens figuré). La question du samedi libre ou non enfièvre les esprits, anime la polémique.

3. a. L. 1 à 14: raisons énoncées en faveur du samedi libre (souhait des parents et absentéisme).
   b. L. 15 à 50: avantages du samedi libre.
   c. L. 50 à 86: inconvénients du mercredi libre.
   d. L. 87 à 99: passage charnière concluant la première partie et annonçant la seconde.
   e. L. 100 à 168: arguments en faveur du mercredi.
4. Un changement du jour de repos ne modifierait rien au fond du problème: le surmenage du jeune élève à cause du manque d'intérêt de l'école actuelle et des «rythmes scolaires complètement inadaptés».
5. Les enfants et leurs parents (représentés par les Fédérations citées, les enfants le sont aussi par le pédiatre J. Goudard), les enseignants (exemple du collège de Segonzac), des institutions comme la télévision, les clubs sportifs (Jackie Braun), les commerçants (un responsable du Carrefour d'Yvry).
6. Pour: c'est le désir de la plupart des parents, c'est nécessaire pour résoudre le problème de l'absentéisme du samedi, la vie familiale y gagnerait, la coupure du mercredi est plutôt néfaste aux enfants surtout quand leur mère travaille, elle ne remédie pas à la fatigue scolaire – Contre: cette réforme bouleverserait les programmes de la télévision, elle serait catastrophique pour le sport, elle «embouteillerait» davantage les grands magasins et obligerait les enfants à participer à cette activité d'adultes: les commissions. Les départs en week-ends, le vendredi, seraient aussi embouteillés que les retours, le dimanche.
7. Les journalistes terminent leur article par une boutade qui peut tenir lieu de conclusion: le problème du samedi matin n'est pas une petite affaire.

Analyse
8. Les auteurs partent d'une constatation (voir q. 3) et exposent le problème en énonçant les avantages et les inconvénients du samedi libre. Ils rappellent les différents aspects (familiaux, sociaux) du problème et citent différents responsables concernés. Ils ne proposent pas de solution, mais se contentent de montrer la complexité de la situation sans prendre parti. Nous pouvons donc conclure qu'il s'agit ici essentiellement d'informer.
9. On trouve dans ce texte la plupart des indices d'un «style journalistique moyen». Exemples: *métaphores d'usage:* «la balance penche en faveur de …», «l'autre raison qui apporte de l'eau au moulin …» «une goutte d'eau» – *néologismes:* les «pro-week-end» – *modalisations:* les citations: Pour le pédiatre, pour les parents, etc. – *le conditionnel:* «La fatigue … ne serait même qu'un mythe.» – *les interrogations rhétoriques:* «Pour enrayer le mal,

quoi de plus logique, etc.?» – *les connecteurs:* «A première vue ... Mais ... et puis ...», etc.

Il s'agit d'un article destiné à un grand public. Tout en étant informatif, il doit rester facile à lire.

Commentaire

10. Discussion à mener en cours. Un argument contre le samedi, propre à la situation scolaire allemande: les matinées sont très chargées, elles le sont davantage (ou prolongées par des cours du début de l'après-midi) lorsque le samedi est libre.
11. Réponses personnelles.

Communication – créativité

12. On peut faire rédiger par les élèves un questionnaire détaillé qu'ils rempliront ensuite et feront remplir par d'autres camarades. On évaluera les réponses: résultats classés par âge, sexe, cours ...
13. Par exemple: «... J'avoue que je me plierais peu volontiers à ce système français. Je préfère le nôtre, car il me laisse tous les après-midi libres pour mon travail personnel et mes loisirs. Je trouve le temps de faire du foot, de la guitare et d'être actif dans une organisation écologique. Bien sûr on a pas mal de devoirs l'après-midi et on rentre assez fatigués de l'école après la sixième heure. C'est un inconvénient; on ne peut se mettre tout de suite au travail car il faut d'abord récupérer et je t'avoue que je n'arrive jamais à me concentrer 6 heures de suite ... Pourtant c'est un moindre inconvénient. Par contre ma mère aurait préféré, elle, le système français, quand j'étais petit au moins: elle aurait été libre l'après-midi et aurait pu travailler ...»

12. C'est Camomille

Geeignet für Grund- und Leistungskurs.

Der Textauszug aus Anouilhs Gesellschaftssatire *les Poissons rouges* weist verschiedene Formen der Komik auf, mit denen die Schüler in systematischer Weise vertraut gemacht werden. Hier werden außerdem die unterschiedlichen Kommunikationsformen des Theaters vorgestellt.

Als weiterführende Lektüre zum Bereich *Komik* eignet sich das sprachlich relativ einfache Stück von Jules Romain, *Knock, ou le triomphe de la médecine*.

L'auteur et son œuvre: la plupart des œuvres de Jean Anouilh (Bordeaux, 1910) trahissent un pessimisme profond: des jeunes gens y luttent en vain pour garder la pureté de leur idéal. Leur révolte contre le monde des riches, *La Sauvage*, le pouvoir et ses compromis, *Antigone*, ou les laideurs de l'existence, se soldent par la mort ou l'enfoncement dans le malheur. De pièce en pièce, la tonalité change et l'écrivain a lui-même classé son théâtre en pièces roses, noires, brillantes, grinçantes, costumées. Dans ses dernières œuvres, Anouilh fait la preuve que «vivre avilit». L'enfance elle-même est contaminée, elle a perdu son innocence et n'est plus le refuge de l'idéal, la part du rêve et du bonheur. L'auteur décrit les noirceurs de la vie quotidienne.

Compréhension du texte

1. Les cris de Camomille, leur bébé, empêchent Antoine et Charlotte de dormir. Ils essaient en vain de la calmer.
2. Aux explications réalistes (l'épingle, les dents) succède une interprétation «psychologique» (le bébé veut être dans les bras de ses parents). Puis Antoine se livre à de curieuses extrapolations: Camomille crie par «passion égalitaire», ne supportant pas de souffrir seule. En fin de compte, les parents s'en remettent à l'évidence que l'enfant veut être dorlotée par son père.
3. Antoine va chercher le bébé à deux reprises et le promène dans ses bras. Quand il passe le bébé à Charlotte, celui-ci recommence à hurler.
4. Les réactions de Charlotte sont raisonnables. Elle reste calme et sereine, tandis qu'Antoine s'emporte. A la fin de la scène, il est fier de son «influence masculine» et Charlotte, elle, un peu amère et jalouse.

Analyse

5. Les spectateurs sont doublement informés: par ce qu'ils entendent (le dialogue, les cris de Camomille) et par ce qu'ils voient sur scène (décor, actions diverses).
6. Il se sert des trois moyens mentionnés dans l'encadré 36. La communication verbale repose sur le dialogue qui parfois, chez Antoine, tourne au monologue (l. 49–56). Mais l'effet de cette scène dépend également du décor de la chambre, des mimiques d'Antoine, des cris répétés de Camomille, etc.
7. La longueur des indications scéniques montre l'importance que l'auteur a attachée aux effets visuels et sonores. Dans cette mise en scène réaliste (un lit – Antoine tape sur son oreiller – un faux bébé), le moindre geste est précisé (voir l. 43–47). C'est que le comique de la scène en dépend.

8. L'effet comique résulte du
   - *comique de situation:* l'insuccès des tentatives répétées d'Antoine pour calmer le bébé; le contraste entre le silence lyriquement commenté par Antoine et les cris qui reprennent quand on ne s'y attend plus (cet effet appartient aux classiques du comique).
   - *comique de gestes:* voir l. 25, 33, 42–47, 71–72
   - *comique de caractère:* l'emportement ridicule d'Antoine; le décalage entre ses raisonnements, son lyrisme, ses menaces et la situation banale et sans gravité (un bébé qui pleure la nuit); le contraste entre sa rage et sa fierté d'être le préféré; le dépit de Charlotte.

Commentaire

9. On est amené à rire d'Antoine à cause de l'outrance de ses propos. Mais chacun de nous a certainement déjà connu une situation où l'énervement pousse à tenir des propos démesurés. La plus grande compréhension et patience de la mère vis-à-vis de son enfant ainsi que la réflexion du père «tu l'élèves n'importe comment, ta fille» laissent entrevoir un comportement traditionnel de la part des parents. Par contre, que le père se lève la nuit et se sente donc directement concerné par l'éducation de sa fille, dénote de la modernité du comportement de ces deux conjoints.

10. Voir aussi q. 9. Il s'agit, dans cette scène d'une situation quotidienne vécue par tous les parents. Les spectateurs peuvent donc en grande partie s'identifier aux personnages. Le «lyrisme» et la grandiloquence d'Antoine peuvent paraître exagérés ou extravagants. Ce genre de propos peuvent néanmoins être tenus dans la vie de tous les jours.

Communication – créativité

11. Charlotte et Antoine sont réveillés par les cris de leur bébé, Camomille. Le bébé se calme et les parents jouissent béatement du silence revenu … le temps d'une réplique, car les cris reprennent de plus belle. Antoine est furieux. Tout est la faute de Charlotte qui élève mal sa fille. Cependant il va chercher Camomille, et dans ses bras, le bébé se calme. Il la recouche … et les cris reprennent. Antoine, hors de lui, se lance dans une tirade où il mêle politique, psychologie et menaces. Sa fille abuse de ses privilèges de bébé, elle exploite consciemment ses parents, etc.
    Lorsqu'il tente de passer le bébé à Charlotte, celui-ci se remet à hurler. De nouveau dans les bras du papa, Camomille se calme. Ce triomphe ne le laisse pas insensible: c'est avec satisfaction qu'Antoine constate «une certaine influence masculine» sur sa fille. Charlotte est amère et vexée …

12. – Promener ou bercer le bébé – lui donner un biberon, une sucette – lui parler, lui chanter une berceuse – jouer avec lui – le coucher dans le lit de ses parents …
(On pourra essayer de monter un sketch amusant en utilisant les moyens énumérés ci-dessus pour calmer un bébé récalcitrant).
13. Relire d'abord les indications scéniques concernant l'expression des personnages: *béat, sombre, amer, un rictus écœuré,* etc. et en tenir compte pour lire d'abord quelques phrases du texte.
Rechercher au cours d'une seconde lecture les mots-clefs qui seront particulièrement accentués parce que plus expressifs.

13. La cantatrice chauve

Geeignet für Grund- und Leistungskurs.

Die beiden Szenen aus Ionescos ‹anti-pièce› *La cantatrice chauve* knüpfen wegen ihres komischen Gesamteindruckes an den Anouilhtext an, so daß die Schüler bereits hier ihre erworbenen Kenntnisse hinsichtlich der verschiedenen Erscheinungsformen der Komik anwenden können. Die allgemeinen Erläuterungen zur Komik werden hier durch spezielle Bemerkungen zur absurden Komik ergänzt. In einer Zusammenfassung werden den Schülern zudem die Hauptwesenszüge des Absurden Theaters vorgestellt.

Als weiterführende Lektüre zum Thema ‹Absurde Komik / Absurdes Theater› bieten sich u. a. fast alle kurzen Stücke von Ionesco an sowie zum Beispiel: Raymond Devos, *Ça n'a pas de sens*; Jean Tardieu, *Théâtre de chambre*; Henri Michaux, *Plume*.

L'auteur et son œuvre: Ionesco, né en Roumanie en 1912 d'un père roumain et d'une mère française, vient s'installer définitivement en France en 1938. Ses premières pièces, dont *La cantatrice chauve*, 1950, sont très critiquées au départ. Pour l'auteur, «renouveler le langage, c'est renouveler la conception, la vision du monde». Il s'élève contre les conventions du théâtre traditionnel dont il parodie les intrigues, contre le mensonge du réalisme qui limite les personnages à la psychologie superficielle et désuète du théâtre de caractères, contre le théâtre engagé qui a plus pour objet d'influencer les masses que de les faire réfléchir. Presque inconnu jusqu'en 1956, Ionesco a vu, dix ans plus tard, au cours de la saison 1966–1967, cinq de ses pièces jouées à Paris. Depuis, *La cantatrice chauve* détient le record absolu de la longévité à Paris. Hors de France, les représentations se multiplient. Inspiré par la *Méthode Assimil* d'anglais, à laquelle il reproche les répliques sottes et les lieux communs, Ionesco décide dans *La cantatrice chauve* de «mettre à la suite l'une de l'autre les phrases les plus banales». Les personnages sont mécaniques, proches du robot ou de la marionnette. Un langage désarticulé démasque le vide des idées que les mots prétendent couvrir.

Compréhension du texte

1. a. Les personnages principaux de la 4ème et 5ème scène, M. et Mme Martin, sont dans le salon de leurs amis, les Smith. Les noms des personnages (Smith, Mary, Donald) et des lieux (rue Bromfield, Londres) situent la pièce en Angleterre.

   b. Il ne se passe rien de réel: nous assistons à une scène de reconnaissance parodique, mécanique dont le dénouement «logique» est contesté ensuite par Mary-Scherlock-Holmes. De fil en aiguille, M. et Mme Martin découvrent qu'ils habitent dans la même rue, le même appartement et qu'ils ont la même chambre à coucher et la même enfant. La découverte progressive de leur identité se termine par une étreinte «sans expression».

2. Dans la réalité ou dans une pièce de théâtre classique, les scènes de reconnaissance ont lieu entre des personnes qui se sont perdues de vue pendant de longues années. Ici, c'est le contraire: c'est en constatant tout ce qu'ils vivent en commun depuis des années que les époux Martin se retrouvent. Leur démarche est donc absurde. C'est une parodie des scènes de reconnaissance traditionnelles (voir Molière, Marivaux, etc.).

Analyse

3. Une étude approfondie des caractéristiques du théâtre de l'absurde nécessiterait la lecture entière de la pièce. Cependant on peut distinguer ici les traits suivants:
   - absence d'intrigue et déroulement incohérent de l'action;
   - les personnages privés de mémoire (l. 17, 31, 62) sont dépourvus de complexité et font penser à des marionnettes;
   - ils ne communiquent pas de manière cohérente.

4. a. Dans la scène 4, la pendule n'indique jamais l'heure qu'il est et va jusqu'à inventer le temps (elle sonne 29 fois!). Comme souvent dans le théâtre absurde, les objets privés de leurs fonctions échappent au pouvoir de l'homme.

   b. Les indications scéniques concernant les personnages en font des pantins privés de sentiments et d'émotions. Ainsi la voix de M. Martin reste «monotone, vaguement chantante» (l. 78) malgré la surprise d'avoir retrouvé sa conjointe. L'étreinte du couple est purement formelle, «sans expression». Ni sentiment ni pensée ne soutiennent un langage qui reste vide.

5. a. A la fin de cette 5ème scène, Mary révèle son «identité»: elle serait le célèbre détective Sherlock Holmes. Elle vient prouver que malgré «les coïncidences extraordinaires» le raisonnement des Martin est faux. Ils ne sont pas Donald et Elisabeth, ni parents du même enfant. Son argument – l'œil rouge à droite et le blanc à gauche – fait s'écrouler l'argumentation de Donald. Là encore, Ionesco parodie: la finesse d'un détective nous réserve un coup de théâtre magistral à la fin d'une pièce ou d'un roman policier. Ici c'est un détail absurde qui fait s'écrouler un raisonnement absurde, et ce détail s'inscrit dans la logique absurde du raisonnement. «(...) aller à fond dans le grotesque, la caricature, au-delà de la pâle ironie des spirituelles comédies de salon.» *Notes et Contre-Notes.*

b. Voir aussi q. 3.

Le raisonnement de Mary est essentiel: s'il dresse le constat de la faillite d'un raisonnement absurde, ce n'est pas pour y substituer une proposition positive et sensée. Il brouille les pistes, disloque une argumentation fantaisiste. Une identité non crédible est niée par un argument non crédible, et l'impression de vide, d'absence, est renforcée. Dans ce néant des faits et des personnages, il ne reste que le langage, lui-même parodique (voir q. 4.b.).

6. Les sources du comique absurde:
   – les répétitions mécaniques de M. et de Mme Martin («Comme c'est curieux, comme c'est bizarre et quelle coïncidence»; «je ne crois pas m'en souvenir»; «je ne m'en souviens pas»);
   – la contradiction entre le comportement verbal et le comportement physique;
   – les affirmations burlesques et absurdes (les deux yeux différents de la fille);
   – la scène de reconnaissance elle-même est la parodie d'un élément traditionnel du théâtre populaire. Tandis que là, elle servait à éclairer et débrouiller une situation embourbée, elle augmente ici l'incertitude et la confusion concernant l'identité des personnages et réduit les deux conjoints à de simples caricatures.

Exagérés dans le théâtre de l'absurde, beaucoup d'éléments sont aussi empruntés au théâtre comique traditionnel. Dans ces scènes on remarque surtout les suivants:
   – le quiproquo: M. et Mme Martin pensent parler de choses communes (leur appartement, leur fille). Mary déclare qu'ils parlent de choses différentes sans s'en rendre compte, car ils ne sont pas ceux pour qui ils se

prennent. Ici, le quiproquo ne porte pas seulement sur l'identité de l'interlocuteur, mais sur celle du locuteur qui se trompe aussi sur lui-même;
- les gestes monotones et peu compatibles avec la situation donnée: M. Martin et Mme Martin se sont retrouvés: «elle s'approche de M. Martin sans se presser. Ils s'embrassent sans expression». Ils n'entendent pas le coup de la pendule qui fait sursauter les spectateurs.

7. Les aspects suivants de la scène trahissent une vision tragique et pessimiste de la condition humaine:
   - la parodie: elle vide l'homme de son humanité, détruit les valeurs;
   - l'incommunicabilité: les personnes privées de personnalité n'ont rien à communiquer. Elles parlent dans le vide, sont isolées les unes des autres;
   - le langage mécanique: on ne peut dire que les personnages mènent une conversation. C'est plutôt le langage, la conversation qui les mène;
   - le dérèglement de l'univers: à la fois drôle et tragique, la pendule détraquée témoigne d'un univers incohérent et incontrôlé. La défection des objets s'ajoute à l'absurde des personnages. Ni les êtres humains, ni les choses n'ont de fonctions véritables: on ne peut compter sur rien.

Commentaire

8. Les avis varieront selon qu'on pose cette question avant ou après l'analyse. Les réactions spontanées «insensé, stupide, ridicule, comique, drôle, bizarre» seront ensuite plus nuancées (voir q. 7.). Il est peu probable que les aspects tragiques soient reconnus à première vue par les élèves.

9. Le couple n'est qu'une cellule de la société, cellule privilégiée du théâtre de Ionesco et de Beckett parce qu'on y trouve, grossies de manière caricaturale et vraiment inquiétante, les failles de la société: l'incommunicabilité, l'automatisme. (Le couple, la famille ne devraient-ils pas être des refuges quand la société se montre trop inhumaine?)
   Ici, le couple prononce des mots, mais ne se parle plus. Ses membres souffrent d'une perte de leur personnalité. Ils jouent leur rôle, ayant appris les mots, mais ne s'interrogent plus sur leur sens. En principe un couple veut construire l'avenir ensemble. Or, il arrive ici que M. et Mme Martin reconstruisent le passé afin de se reconnaître. De plus, ils ne se définissent que par ce qu'ils font et possèdent, et non par ce qu'ils pensent ou éprouvent, puisqu'ils ne pensent ni n'éprouvent rien. Le couple moderne est-il vraiment menacé par l'incapacité d'aimer, de communiquer, de se trouver, par la dislocation du langage et la réduction à la vie matérielle? On discutera.

Communication – créativité

10. Le journaliste pourrait, par exemple, critiquer:
    - le manque d'intérêt de cette pièce dépourvue d'intrigue;

- le mauvais jeu des acteurs;
- l'emploi de dialogues mécanisés;
- l'outrance de l'emploi des lieux communs, etc.

11. Pour montrer aux élèves que les dialogues absurdes peuvent porter sur toutes sortes de sujets de la vie quotidienne, le professeur pourra leur présenter, par exemple, des extraits des œuvres mentionnées dans l'introduction.

14. La Reine Morte

Hauptsächlich geeignet für Leistungskurse und leistungsstärkere Grundkurse. Das Thema des Stückes lehnt sich an historische Ereignisse an, die sich im 14. Jahrhundert in Portugal zugetragen haben, als Inès de Castro, heimliche Gemahlin des Prinzen Pedro, auf Anordnung des Königs Alphonse IV. ermordet wurde. Nach seiner Thronbesteigung ließ Pedro den Leichnam seiner Gattin exhumieren und verpflichtete den Hof, der ‹toten Königin› die königlichen Ehren zu erweisen.

In dem vorliegenden Auszug aus *La Reine Morte* wird der Schüler mit den Wesensarten eines tragischen Konfliktes konfrontiert. Es gilt darauf hinzuweisen, daß der Ursprung der Tragik in diesem Fall im Charakter einer Person begründet liegt und nicht, wie in den klassischen Tragödien, durch die Unausweichlichkeit des Schicksals zu erklären ist. Zum Aufzeigen dieses Unterschieds empfiehlt sich z. B. die Lektüre eines Auszugs aus Racines *Phèdre*.

L'auteur et son œuvre: Henri de Montherlant (1896–1972) ne commence sa carrière dramatique qu'en 1942 avec *La Reine Morte*. A cette époque, c'est déjà un romancier célèbre aux œuvres diverses, car, écrit-il, il faut «faire alterner en soi la Bête et l'Ange, la vie corporelle et charnelle et la vie intellectuelle et morale.» La guerre, la tauromachie, le sport, c'est-à-dire ce qui permet aux héros de Montherlant de «devenir extrêmes», sont les thèmes de ses premières œuvres (*La Relève du Matin*, 1920; *Le Songe,* 1922; *Les Bestiaires*, 1926).

Parmi les romans suivants les plus connus sont ceux du cycle *«Les Jeunes Filles»* (quatre volumes de 1936 à 1939) au héros séducteur et cynique.

Parmi les pièces de théâtre on distingue comme dans ses romans «une veine chrétienne» (*Le Maître de Santiago*, 1947; *La Ville dont le Prince est un enfant*, 1951; *Port-Royal*, 1954) et une veine profane (*La Reine Morte; Malatesta*, 1946; *Don Juan*, 1958). De formation catholique, Montherlant traite les grands problèmes de la religion – les notions de vice, de péché, de dépassement spirituel étant présentes aussi dans ses œuvres profanes – tout en se déclarant lui-même incroyant.

La dramaturgie de Montherlant est classique, car l'étude des caractères y joue un rôle essentiel. L'intention de l'auteur est «d'exprimer avec le maximum d'intensité et de profondeur un certain nombre de mouvements de l'âme humaine».

Compréhension du texte

1. Scène 1: l. 6 à 36.

   A nouveau maître de lui, Ferrante réaffirme sa force et son pouvoir. Ses allusions et son changement d'attitude inquiètent Inès qui repart cependant convaincue que Ferrante ne la tuera pas avant qu'elle n'ait revu Pedro.
   Scène 1: l. 37 à 49.

   Monologue de Ferrante qui se demande pourquoi il fait tuer Inès et prend conscience de son besoin irrésistible et contradictoire d'accomplir un «acte inutile, funeste».
   Scène 3: l. 49 à 66.

   Ferrante donne au capitaine Bathala l'ordre de guetter et d'assassiner Inès sans la faire souffrir.
   Scène 4: l. 66 à 76.

   Ferrante s'interroge à nouveau: il pourrait encore sauver Inès mais ne le fait pas. Quand il est enfin trop tard, il se sent soulagé et fait appeler les gens de sa cour.
   Scène 5: l. 78 à 87.

   Devant sa cour, Ferrante justifie son assassinat. Il est pris d'un malaise.

2. Ferrante parle d'abord de lui-même: il veut détromper Inès qui pourrait le croire faible. Il la menace indirectement. Inès, elle, parle de son désir de vie. Le roi l'interroge alors sur l'escorte qui accompagnera son retour. Tandis qu'Inès contemple le ciel et les étoiles, Ferrante ne voit que l'échelle qui «va de l'enfer aux cieux», révélant ainsi les contradictions dont il est la proie.

   Les allusions qui trahissent les intentions de Ferrante sont les suivantes:

   a. Ferrante compare Inès à un papillon qui tournaille autour d'une flamme et s'y brûle.

   b. Tout en feignant de s'intéresser à la sécurité d'Inès, il obtient des renseignements précieux sur son escorte.

   c. Lorsqu'Inès parle de son désir de vivre, Ferrante paraît mal à l'aise: «Votre visage est changé.»

   Inès comprend fort bien les allusions de Ferrante, mais elle le croit sur parole lorsqu'il lui dit qu'il n'entreprendra rien avant son retour à Mondego (l. 19).

3. Il ordonne au capitaine de «prendre du monde» (l. 51) pour guetter Inès et

la tuer d'un seul coup afin qu'elle ne souffre pas. Il le prie également de ramener son corps au palais, comme preuve.

4. Dans sa justification, le roi Ferrante se réclame de la raison d'Etat et de sa responsabilité devant Dieu.

Analyse

5. Ferrante se demande pourquoi il fait tuer Inès. D'une part, il est conscient de commettre une action néfaste, dangereuse et inutile. D'autre part, il se sent irrésistiblement poussé à commettre cet acte. Il est partagé entre ce désir funeste, mais très puissant et la conscience d'avoit tort. «Je commets la faute sachant que c'en est une.» (l. 44–45). Il pourrait retirer son ordre au dernier instant. Il ne le fait pas. Il se sent incapable de discerner les motifs réels de son comportement.

6. Il semble que le désir de faire tuer Inès ait été suscité par le désir qu'a Ferrante d'affirmer sa force et son pouvoir après un instant de faiblesse. Qu'on puisse le prendre pour un «pauvre homme comme les autres» lui est insupportable. Cependant la puissance démoniaque qui le pousse au crime se situe probablement bien au delà d'un simple goût du pouvoir. Il ne parvient pas lui-même à la définir. «Ma volonté m'aspire «...» Plus je m'y enfonce et plus je m'y plais. Il perçoit l'attirance du mal sans être en mesure d'en analyser les causes ni de nommer cette contrainte intérieure. «Quel bâillon invisible m'empêche de pousser le cri qui la sauverait?» (l. 67). Sa propre âme reste une énigme pour lui.

7. Il semble que Ferrante commette son crime parce qu'il y est poussé non par la fatalité de son destin, mais par celle de son caractère: lucide (il est conscient de l'ambiguïté de la nature humaine et de la sienne en particulier), honnête envers lui-même (il ne cherche pas à se mentir, à trouver de fausses raisons), il fait également preuve de sensibilité (il ne veut pas qu'Inès souffre en mourant). S'identifie-t-il vraiment à sa fonction de roi, de «grand arbre qui doit faire de l'ombre»? (l. 85). Les monologues précédents, ainsi que les confidences faites à Inès prouvent que non. Il semble que la phrase «Un remords vaut mieux qu'une hésitation qui se prolonge» livre une clef de son caractère: Ferrante veut échapper à cette ambiguïté qu'il a reconnue en lui. Il choisit un extrême, l'enfer, pour ne plus flotter entre le ciel et l'enfer comme le commun des mortels et parce que l'enfer et la malédiction du meurtre l'attirent plus que la pureté du ciel. Incapable de maîtriser son goût de la domination et d'échapper à l'empire du mal, il est victime d'une faiblesse plus grande que celle redoutée au début de la scène et cette faiblesse le conduit au crime.

8. Le texte est rédigé dans un style soutenu. Ce langage frappe par son expressivité. On remarque:
   - l'importance des interrogations et des exclamations qui traduisent le désarroi de Ferrante, le conflit dans lequel il se trouve (par ex.: l. 42–43).
   - le rythme haché et précipité des passages où Ferrante prend des décisions (par ex.: l. 53–55; 74–76).
   - les phrases en deux temps qui marquent le balancement de la pensée:
     «Il y a sans doute ... mais je ne la distingue pas» (l. 38)
     «Non seulement ... mais je l'arme» (l. 39)
     «Mais ma volonté m'aspire et je commets la faute ...» (l. 44)
     «Plus je mesure ... et plus je m'y enfonce ...» (l. 48)
     «Je lui ai donné ... et moi je vais pouvoir respirer» (l. 73)
   - les phrases qui ressemblent à des maximes où se réfugie la conviction de Ferrante:
     «Un remords vaut mieux qu'une hésitation qui se prolonge» (l. 45–46)
     «Rien n'est trop sûr quand il s'agit de tuer» (l. 63)
     «Un roi est comme un grand arbre qui doit faire de l'ombre» (l. 84)
   - les images (métaphores, comparaisons) qui expriment ce qui justement ne peut être concrètement nommé et tentent ainsi de cerner l'indicible: l'échelle de l'enfer aux cieux, le bâillon invisible, l'horrible manteau de risques, le sabre de Dieu.

Commentaire

9. Tout crime reste un crime quel que soit le rang de l'assassin. Mais il s'agit ici d'un crime d'Etat, officiellement justifié et admis alors que le crime du roman policier est normalement d'ordre privé et poursuivi en justice. Dans une histoire policière, il est rare de rencontrer un meutrier engagé dans un tel conflit de conscience, tiraillé entre «l'enfer et les cieux», engageant un acte «inutile et funeste», tuant tout en sachant qu'il commet une faute, puis avouant son crime en public, en essayant de le justifier.

10. Quelques réactions:
    - dégoût, indignation devant l'acte gratuit de Ferrante.
    - malaise devant la dualité de Ferrante, son option pour le mal.
    - pitié pour Inès mais aussi pour Ferrante qui ne sait résister à la pression du mal.
    - frayeur à l'idée que Ferrante n'est peut-être pas une exception mais un exemple de l'ambiguïté de l'être humain.

11. Réponses personnelles:
    La comédie
    - amuse, distrait, détend;

– fait prendre conscience du ridicule de certaines attitudes/situations;
– nous permet de prendre du recul, de voir avec humour nos propres problèmes. (Mais si l'on aime la comédie, c'est aussi parce qu'on ne s'identifie
jamais aux personnages ridicules ...)

La tragédie
– nous fait prendre conscience des grands problèmes de la condition
humaine;
– nous permet de dépasser le niveau médiocre de la vie quotidienne car elle
agrandit les situations: le sérieux est remplacé par le terrible, l'ordinaire
par l'extraordinaire;
– peut plaire par l'ordonnance de sa construction, la beauté du langage.
(Mais elle est souvent trop loin de nous-mêmes pour nous toucher, peu en
rapport avec nos drames personnels.)

Communication – créativité

12. Eléments possibles de la justification de Ferrante:
   – Le mariage de Pedro avec Inès aurait déshonoré la famille royale à cause
     du rang inférieur d'Inès;
   – Ferrante n'accepte ni ce mariage ni la légitimité de l'enfant qui en naîtra;
   – Pedro savait que son père voulait le marier avec l'Infante, et Ferrante lui
     reproche d'avoir épousé Inès au mépris de la volonté paternelle;
   – Ferrante fait valoir la raison d'Etat, c.-à-d. les raisons politiques pour les-
     quelles le mariage de son fils avec l'Infante (de Navarre) serait utile au
     royaume et à son peuple. Il regarde le bien-être de son peuple comme sa
     responsabilité devant Dieu.

13. Le caractère d'une telle lettre sera personnel. Les expressions suivantes
   pourraient être utiles à l'élève:

je regrette	d'avoir fait ...
je suis | navré	que ...
| désolé	
j'ai honte	
je m'excuse	

je vous prie	d'accepter mes excuses/mes explications
	de comprendre | ma situation
	| ma conduite dans ces circonstances
	de ne pas (trop) m'en vouloir
	de me pardonner
	de comprendre que, dans ces circonstances, je ne pouvais
	agir autrement

je reconnais bien ma faute
je vous demande pardon
je me repens de ma faute/je m'en repens
j'ai │ des remords
    │ des regrets

pour me justifier │ je voudrais vous expliquer
              │ je vous dois quelques explications

j'ai été forcé par les circonstances d'agir comme ça
j'ai dû agir comme ça │ malgré moi
                 │ à contre-cœur

je comprends bien vos reproches, mais …
Je comprends bien vos reproches. │ Cependant …
                              │ Pourtant …
                              │ Néanmoins …

15. La Dame aux Camélias

Geeignet für Grund- und Leistungskurs.
Der Auszug aus Dumas Drama *La Dame aux Camélias* resümiert in gewisser Weise die Vorurteile und die Heuchelei der bürgerlichen Gesellschaft des 19. Jahrhunderts, wenn auch mit einer dem Drama typischen Sentimentalität. Im Versuch einer Abgrenzung von Komödie und Tragödie werden distinktive Merkmale des Dramas aufgezeigt. Außerdem wird der Schüler angeregt, sich mit den bürgerlichen Moralvorstellungen des letzten Jahrhunderts auseinanderzusetzen und mit denen der heutigen Gesellschaft zu vergleichen.

L'auteur et son œuvre: Alexandre Dumas (1824–1895), fils d'Alexandre Dumas (Dumas-père: *Les trois Mousquetaires, Le Comte de Monte-Cristo*), débute en 1852 par la réhabilitation de la courtisane dans *la Dame aux Camélias*. Cette pièce aura un succès triomphal et sera reprise par Verdi dans l'opéra *la Traviata*. Suivront une douzaine de pièces qui ne contrediront pas la moralité de sa première œuvre. Dumas s'en prend à l'hypocrisie d'une société qui, dominée par le pouvoir de l'argent, sacrifie la femme et l'enfant à l'égoïsme et au vice de l'homme. Il attaque les préjugés sociaux: (*Le Demi-Monde*, 1855; *La Question d'argent*, 1857; *Monsieur Alphonse*, 1873; *Francillon*, 1887).

Compréhension du texte

1. Il lui rend visite pour lui demander de quitter son fils Armand.
2. Elle s'y oppose parce qu'elle sait qu'il s'agit d'un amour véritable, parce que cette liaison lui permet d'échapper à la solitude et de trouver tout ce dont elle a dû se passer jusqu'ici, parce qu'elle n'a plus que quelques années à vivre et qu'elle aimerait les remplir d'un peu de bonheur.
3. Ses arguments sont:
   - Marguerite ne mourra pas jeune;
   - elle détruira tout l'avenir d'Armand;
   - ni elle ni Armand ne peuvent être sûrs de la constance de leurs sentiments;
   - cette liaison manque de valeurs morales;
   - elle nuirait à la carrière d'Armand;
   - elle décevrait les espérances du père;
   - elle est contraire à la raison parce qu'elle n'a pour base que le caprice et l'illusion;
   - un jour, Marguerite sera fière d'avoir pris la bonne décision, c.-à-d., d'avoir renoncé à Armand;
   - en renonçant à Armand, elle prouvera son amour.
4. C'est sans doute le dernier argument qui touche le plus Marguerite: elle est alors convaincue de ne pas mériter l'avenir qu'elle espérait. Elle accepte le jugement de la société. A travers la voix de Monsieur Duval, elle entend celle – refoulée jusqu'ici – de sa conscience. Respectant le couple, la famille, elle renonce à Armand au nom de la «belle et pure jeune fille» qui sera un jour sa femme.
5. Monsieur Duval fait plusieurs allusions au passé de Marguerite, sans mentionner clairement son état de courtisane (l. 44–50). La courtoisie la plus élémentaire l'empêche d'en parler ouvertement. Pour lui, c'est ce passé qui a suscité sa démarche, car rien, dans la société bourgeoise de la fin du XIXe siècle, ne saurait l'effacer. Marguerite elle-même en parle assez crûment: «Regarde donc la fange de ton passé!» (l. 78). Ce passé détermine son avenir même si elle a essayé de l'oublier. «La créature tombée ne se relèvera jamais!» (l. 73).

Analyse

6. Cet extrait présente les caractéristiques du drame suivantes:
   - le sujet (un amour qui se heurte aux conventions sociales) n'est pas extraordinaire;
   - les personnages (un bourgeois, une courtisane) n'appartiennent pas à un rang social élevé;

- le conflit (un jeune homme de la société bourgeoise peut-il épouser une ancienne courtisane?) relève des conventions et préjugés de la société;
- le ton est ici très émotionnel et pathétique.

7. Au niveau des personnages, il y a un conflit entre M. Duval, le père d'Armand, et Marguerite. A un niveau plus abstrait, il y a un conflit entre l'amour de Marguerite, son passé personnel et les valeurs morales bourgeoises du XIXe siècle.

Forces agissantes:
- *l'héroïne:* Marguerite (elle est le personnage central avec qui le spectateur/le lecteur sympathise);
- *l'objet* de sa quête: le bonheur personnel qu'elle espère trouver dans son amour pour Armand;
- *le bénéficiaire:* elle-même (peut-être aussi Armand);
- *le détenteur:* M. Duval (qui s'oppose au bonheur de Marguerite);
- *l'auxiliaire:* la sincérité de l'amour de Marguerite; l'amour d'Armand;
- *l'adversaire:* M. Duval/les valeurs bourgeoises et le passé de Marguerite.

8. *champs lexicaux*

	thèmes-clefs complémentaires	*thème majeur*
une vie un peu agitée – le passé donne droit à ces suppositions – ce mariage qui n'aura eu ni la chasteté pour base ... – votre rapprochement n'est pas ... innocentes – créature tombée – la fange de ton passé – la passion terrestre	le passé jugé immoral ↑	
	notions opposées ↓	une liaison impossible ↑
chasteté – religion – famille – ambition – sympathies pures – carrière – affections innocentes – pure jeune fille	les valeurs bourgeoises	malgré
... comme nous nous aimons? – ... jamais je n'ai aimé et je n'aimerai comme j'aime. – ... je l'aime d'un amour désintéressé. – ... j'avais mis dans cet amour la joie et le pardon de ma vie.	constance des sentiments ↑ *notions opposées*	l'amour sincère ↓

Etes-vous sûre de l'éternité de
cet amour? – Soit! Mais ...
d'affections? – ... il vous
quittera – caprice – fantaisie –
Qu'en restera-t-il quand vous
aurez vieilli tous deux? – son
illusion ... – ... ce bonheur
dont la continuité est impossible

inconstance
des sentiments

Les thèmes-clefs complémentaires révèlent une opposition entre l'amour
sincère chez Marguerite et le raisonnement de M. Duval: les sentiments
amoureux ne sont que passagers. Dans cette opposition, c'est l'amour sincère qui l'emporte puisque M. Duval est forcé, en fin de compte, de reconnaître l'honnêteté des sentiments de Marguerite. Le conflit se réduit alors
à l'opposition entre l'amour sincère et les valeurs bourgeoises, qui rendent
une liaison entre Marguerite et Armand impossible.

9. *Niveau de langue:* l'usage standard avec une tendance vers l'usage soutenu.
Fonctions du langage: chez M. Duval, c'est la fonction persuasive qui prédomine, chez Marguerite, c'est la fonction expressive.
Procédés stylistiques: parallélismes structuraux, exclamations, emphases,
accumulations, questions oratoires, antithèses, assertions. Les procédés
stylistiques servent tous l'emphase et l'expressivité, qui, chez M. Duval,
sont des moyens de la fonction persuasive/impressive puisqu'il les emploie
pour persuader Marguerite, c.-à-d. que chez lui la fonction expressive n'est
qu'un outil de persuasion.
Le ton qui en résulte est emphatique, exagérément émotionnel et propre au
mélodrame. Finalement, l'usage du langage est assez artificiel et stylisé
puisque, dans ces circonstances, on attendrait que les personnages parlent
plus spontanément et sans l'apprêt de procédés stylistiques. Mais il faut
noter que d'une part cette langue est celle du drame au XIXe siècle; que
d'autre part tout théâtre, quelle que soit son époque, présente des dialogues
qui ne sont pas des conversations prises sur le vif, mais des dialogues styli-
sés, sélectionnés.

Commentaire

10. Marguerite a certes mené une vie immorale, mais c'est avec elle que l'auteur
sympathise. En la présentant comme une jeune femme isolée et malade, il
éveille la compassion du spectateur. Son repentir, son espoir dans une nouvelle existence, la sincérité de son amour, tout cela fait souhaiter son bonheur. Enfin, le sacrifice héroïque qu'elle décide d'accomplir provoque l'ad-

miration. M. Duval au contraire, même si l'on peut comprendre son amour paternel, est cruel. Il obéit aux conventions sans tenir compte de la générosité de Marguerite.

11. Oui:
    - le passé est une partie intégrale de la vie qui continue à croître. Les expériences de ce passé contribuent à la personnalité et déterminent plus ou moins les actions de l'avenir.
    - peut-on changer complètement? Sans partager le pessimisme du proverbe «qui a bu, boira», on peut se poser la question.

    Non:
    - telle erreur a pu être commise à cause de circonstances particulières. Elle ne se serait pas produite sans ce concours de circonstances malheureuses.
    - le «coupable» a pu être soumis à de mauvaises influences. Celles-ci ont disparu de son entourage.
    - même si on ne change pas complètement de personnalité, on mûrit, on réfléchit plus en vieillissant et on tire des leçons des erreurs passées.
    - rappeler à qn les fautes de son passé et le juger aujourd'hui d'après ces fautes, c'est limiter son existence à ce passé, le priver d'avenir, lui ôter toute chance de montrer qu'il a changé.

Communication – créativité

12. Rappeler aux élèves la situation des siècles précédents: c'est le père qui choisissait un époux pour sa fille. En cas de refus de la jeune fille, celle-ci se voyait mise au couvent.
    De nos jours tout a changé, mais pas partout (sociétés mulsumanes).
    Les parents ne choisissent plus le partenaire de leur enfant, mais ne cherchent-ils pas parfois à l'influencer? Dans quelle mesure?
    Dans leur accord/désaccord, quel est le rôle des critères de nationalité, d'instruction, de milieu social, de profession? La pression sociale, le désir d'un avenir sans problèmes pour leurs enfants peuvent amener les parents à discuter le choix des jeunes gens.

13. La jeune fille pourrait
    - discuter avec son ami et lui laisser prendre la décision puisqu'il s'agit de ne pas compromettre son avenir à lui;
    - mettre M. Duval à la porte en lui disant que cette affaire ne le regarde pas. Ce n'est pas lui qu'elle veut épouser;
    - remettre en question les théories de Duval, discuter.

16. Un destin cruel (La Dame aux Camélias, s. Text 15, en bande dessinée)

Diese B.D. von Gotlib bietet den Schülern einen Einstieg in die in Frankreich und Belgien sehr beliebte Welt der humoristischen B.D. Sie werden anhand der «encadrés» mit einem Grundwortschatz und Grundtechniken der B.D. vertraut gemacht und lernen sich andererseits mit Motiven, Mitteln und Zielen einer Parodie auseinanderzusetzen (siehe auch Text 18).
Andere Beispiele von B.D. über bekannte literarische Texte: Battaglia raconte Guy de Maupassant, Dargaud 1983 – *Carmen* von Pichard, Ed. Le Square, Albin Michel.

L'auteur et son œuvre: Gotlib (Marcel Gotlieb), né en 1934 est un des représentants confirmés de la B.D. française. Son œuvre repose entièrement sur l'humour, celui des situations absurdes *(La Rubrique à Brac, Gai Luron)* ou l'humour satirique, sarcastique des magazines pour adultes qu'il a créés: *Fluide glacial* et *l'Echo des Savanes*. Trois de ses personnages, «défenseurs des valeurs nationales» sont désormais des figures-clefs de la B.D.: *Hamster Jovial*, 1974; *Super Dupont*, 1975 et *Pervers Pépère*, 1981.

Compréhension du texte
1. La première vignette, à la page 96, nous apprend qu'un drame horrible va se dérouler.
2. Le père d'Armand a appris la liaison de son fils avec Marguerite, la Dame aux Camélias. Celle-ci est une femme au passé chargé. Ses sentiments pour Armand sont néanmoins sincères et profonds. Monsieur Duval, soucieux de l'avenir de son fils, tente de convaincre Marguerite de quitter celui-ci.
3. Vignette 1: introduction du thème du malheur.
   Vignettes 2, 3, 4: l'entrée en scène de Monsieur Duval
   Vignettes 5, 6, 7: la demande de Monsieur Duval (Marguerite doit rompre).
   Vignette 8, 9: les arguments de M. Duval (l'avenir d'Armand).
   Vignette 10: l'accord de Marguerite, la proposition de «dédommagement» de M. Duval.
   Vignette 11: la «sortie» de Monsieur Duval.
   Entre les vignettes 10 et 11: Marguerite, indignée, a frappé M. Duval (bandages autour de la tête) et a jeté derrière lui ses billets de banque.
4. C'est Monsieur Duval qui parle le plus: il veut convaincre. C'est lui qui domine la situation.

Analyse

5. Sur les vignettes où se déroule l'action, on voit les personnages en pied et leur environnement (la porte, plan d'ensemble sur les vignettes 2, 3, 11 et plan moyen sur la vignette 4). Ceci est nécessaire pour que le lecteur puisse se rendre compte des actions des personnages. Les autres vignettes présentent un monologue (6, 7, 9, 10) ou un dialogue (5, 8). Il s'agit donc de montrer l'expression d'un visage pendant un raisonnement (monologue) ou l'attitude des personnages pendant leur dialogue (plan américain et gros plan).

6. a. Le dessin de cette première vignette tranche sur les autres. Celles-ci sont «réalistes»: elles présentent le film d'une expérience vécue. La première vignette est par contre une introduction symbolique car elle annonce le drame (destin cruel frappant le bonheur immense) et le style de la B.D. (l'humour parodique et sarcastique); l'expression «frapper au moyen d'une lettre» (donner une forte émotion par une lettre qui contient de mauvaises nouvelles) est prise au sens propre (le monstre cruel donne un coup à la figure éthérée du bonheur).

b. Voir aussi q. 7.c. Contre-plongée (vignette 4): supériorité de M. Duval; taille et épaisseur des caractères (vignettes 2, 4 et 7); pensées exprimées dans la bulle de la vignette 11.

7. a. Les aspects du mélodrame sont caricaturés: les effets de surprise par la «lettre mytérieuse» et le déguisement de M. Duval qui porte un grand chapeau et un masque, les sentiments nobles sont ridiculisés par le comportement cynique de M. Duval (vignettes 10 et 11), le caractère bourgeois des personnages est parodié dans le discours absurde de M. Duval sur ses origines, la fin dramatique est ici un gag clownesque.

b. M. Duval n'est plus seulement un père inquiet soucieux de l'avenir de son fils; c'est un bourgeois sottement fier de ses origines. Il règle grossièrement ses problèmes par l'argent: il achète le sacrifice de Marguerite; il est ridiculisé à la fin. Marguerite, dans cet extrait, est une jeune femme timide et réservée, victime idéale qui ne s'exprime que par quelques mots plats: «Si vous pensez que c'est pour son bien ...» avant de se métamorphoser en furie (elle frappe Duval).

c. Vignette 4: le caractère dominant de M. Duval, son désir d'impressionner Marguerite (il est la personnification du destin et de la justice!) apparaissent dans la technique de la contre-plongée. Le personnage donne une impression de puissance, Marguerite est en position inférieure, fascinée (voir les rayons qui entourent la tête de M. Duval), écrasée (on ne la voit pas). Sa frayeur se traduit dans le graphisme de la bulle, le mot «ciel» en caractères gras.

Vignettes suivantes: les sentiments se manifestent par l'expression du visage: sévérité de M. Duval, chagrin de Marguerite (larmes), satisfaction de M. Duval (vignette 10). La colère de celui-ci apparaît dans la bulle 11 (pictogrammes de la vignette 11).

8. Eléments burlesques: vignettes 1, 4, 11.

Commentaire

9. Amuser ceux qui connaissent *La Dame aux Camélias* d'Alexandre Dumas en leur présentant une version burlesque de cette œuvre. C'est une opération de démystification. Irrespectueuse, la B.D. permet au lecteur de prendre ses distances vis-à-vis de l'œuvre de Dumas et de son propre sentimentalisme.

10. Réflexions personnelles. Quelques idées: les œuvres littéraires trop simplifiées perdent toute leur saveur qui réside moins souvent dans le contenu que dans le style (c'est parfois aussi le cas du cinéma qui transpose un roman). Beaucoup de lecteurs s'en tiendront à la B.D. sans avoir jamais lu l'œuvre originale. Cependant on ne peut nier la valeur éducative de certaines B.D. à sujets historiques qui permettent aux enfants d'assimiler des connaissances. D'autre part, l'humour de certaines B.D., la fantaisie des gags, des jeux de mots (Astérix), les allusions qu'il faut savoir distinguer en font souvent des lectures de détente de qualité.

11. Voir q. 10. Mais aussi: nous vivons au siècle des images. L'image de la B.D. a un avantage sur celle du film: elle ne bouge pas, ne passe pas aussi vite. On peut y revenir, en considérer les détails. Et son humour ne peut parfois être saisi qu'en fonction du texte (voir chapitre suivant). En outre, les dernières années ont vu apparaître un grand nombre d'excellents auteurs (Wolinski, Reiser, Bretécher, Cabu, Gotlib …).

Communication – créativité

12. Utiliser pour une argumentation les réponses aux questions 10 et 11. Qu'est-ce qu'une bonne B.D.? Qu'est-ce qu'une mauvaise B.D.? (le mauvais goût dans le graphisme, l'usage trop fréquent d'onomatopées en guise de textes, les histoires plates ou mal construites, etc.)

13. S'inspirer par exemple, des textes 1, 2, 12, 13 pour des B.D. humoristiques. Le texte 4 peut offrir le canevas d'une B.D. réaliste, le texte 5 celui d'une B.D. «pédagogique».

17. Gaston Lagaffe

Gaston Lagaffe ist ein Comic (mehrere Bände mit Kurzgeschichten von einer halben bzw. einer Seite), in dessen Mittelpunkt ein Anti-Held steht. Hier können die Schüler ihre Kenntnisse über den Aufbau einer Bild und Text an einem humoristischen Beispiel erweitern.

L'auteur et son œuvre: né en 1924, André Franquin est le Maître de l'Ecole de Charleroi (B.D. belge). Parmi ses personnages, le Marsupilami et Gaston Lagaffe sont les plus célèbres. Ses œuvres reflètent ses idéaux: anti-militarisme, pacifisme, lutte contre le racisme, le nucléaire, la peine de mort et pour l'écologie (*Les Idées noires,* 1981–1984).

Compréhension du texte et de l'image
B.D. 1.
1. Gaston se trouve dans une droguerie ou dans une quincaillerie.
2. Il achète un ustensile très banal (un débouchoir), objet qu'on achète par nécessité et non pour offrir. Or, il le choisit comme on le fait d'un cadeau: il veut l'essayer (comme un parfum), demande une autre couleur (comme pour un vêtement) et un papier cadeau.
3. De la condescendance (v. 1), puis de l'irritation (v. 2), de la colère contenue (il ronge encore son frein) (v. 3), enfin de la fureur (v. 4), fureur qui atteint son point culminant à la v. 5.
4. Le marchand, hors de lui, a flanqué le débouchoir à la figure de Gaston. La ventouse y adhère.

B.D. 2.a et b
5. La voiture de Gaston, un tacot qui n'avance guère.
6. Sur la B.D. a, Gaston tutoie son patron, alors que celui-ci vouvoie son employé (B.D. a et b).
7. Onomatopées et nuages traduisent les difficultés mécaniques de cette voiture qui roule au pas et fait un bruit d'enfer; le pot d'échappement est sans doute défectueux.
8. B.D. 2.a: l'emportement exagéré de Gaston.
   B.D. 2.b: Gaston est au volant, mais il dort paisiblement.
9. B.D. 2.a: On s'aperçoit que la voiture est moins rapide qu'un piéton: Fantasio la devance sans problèmes!
   B.D. 2.b: On s'aperçoit que la voiture est transportée par un camion, ce qui explique la «moyenne remarquable»!

Analyse

10. «Gaston fait des achats»: la B.D. est divisée en 6 vignettes. Les cinq premières constituent la première phase de l'action et la dernière, le résultat de cette action. Entre les deux dernières vignettes manque la deuxième phase de l'action (la réaction du marchand). Cette ellipse de la narration accroît l'effet de surprise et de comique.

    «La voiture de Gaston»: ici, le montage des deux B.D. est particulièrement important. Le support du gag est une vignette plus grande que les autres (pour b. tenant la place des trois vignettes du dessus), car ici seul le plan d'ensemble peut rendre compte de la situation. C'est le contraste entre les plans moyens où la situation n'apparaît que partiellement (les deux personnages dans la voiture) et le plan d'ensemble (qui révèle la réalité) qui crée l'effet de surprise et de comique.

11. Non, ces trois B.D. ont besoin de leur texte. Sans ces paroles, on pourrait imaginer une toute autre histoire: le geste du droguiste pourrait s'expliquer par une insolence de Gaston qui l'aurait injurié ou qui aurait contesté la qualité de la marchandise, etc. Sans les répliques de la B.D. 2.a on ne comprendrait pas le sujet de la dispute et le gag de la fin serait moins drôle sans la réflexion de Gaston: «Tant pis pour toi! Tu continueras à pied!», etc.

12. Ici l'effet comique résulte du rapport entre le texte et l'image. Dans la 1ère B.D. le dessin représente une situation banale et la dissonance comique provient des paroles peu appropriées à la situation. Dans les deux B.D. suivantes, la situation est inattendue, mais son comique est mis en relief et n'apparaît clairement qu'à travers le dialogue.

Commentaire

13. a. *Gaffe:* «Action, parole maladroite, sottise» (fam.) Définition du *petit Larousse illustré.* Gaston est le gaffeur par excellence. Il y a toujours inadéquation entre ses actes, ses propos et la situation où il se trouve (B.D. 1.). Cette propriété apparaît davantage dans d'autres B.D. où Gaston commet des gaffes dans son travail.

    b. Réponses personnelles. On peut aimer ce genre de B.D. à cause de leur humour, le quotidien y apparaît plus drôle, un peu loufoque, plein de fantaisie, etc.

14. Les héros des B.D. réussissent toujours ce qu'ils entreprennent. Tintin retrouve et vainc les criminels; Astérix ridiculise les Romains; Gaston, lui, fait rire à ses propres dépens. Il a un vieux tacot qui ne marche pas, il fait des bêtises, il ne fait jamais ce qu'on attend de lui, mais comme les héros, il nous est très sympathique ... peut-être parce que son désordre subversif (à analy-

ser dans d'autres B.D. de Lagaffe) nous venge un peu de notre obligation de prendre la vie au sérieux.

15. A tous les âges, mais particulièrement aux adolescents et aux jeunes qui rentrent dans la vie active et rêvent d'une vie plus inventive et fantaisiste.

Communication – créativité

16. Travail personnel ou en groupes
17. Alternative: rechercher des dessins (allemands) illustrant les rapports du texte et de l'image et traduire leurs légendes en français.

18. A. Le ciel est, par-dessus le toit

Das Besondere der Textsorte *Gedicht* wird zuerst anhand eines »klassischen« Beispiels verdeutlicht. Die Schüler beschäftigen sich hier hauptsächlich mit der Struktur des Gedichts und ihren wesentlichen Merkmalen (strophische Anordnung, Parallelismus, sich wiederholende Abfolge von Vokabeln, Rhythmen, Lauten) und deren Beziehung zur Bedeutung der Aussage. Die Thematik der verlorenen Jugend kann in dem Gedicht von Rimbaud *Chanson de la plus haute tour* (Poésie) wieder aufgenommen werden.

L'auteur et son œuvre: l'originalité de Verlaine (1844–1896) est reflétée dans la qualité de son lyrisme qui fuit les larges effusions et se maintient dans la note intime des confidences en demi-teintes. Il cherche moins à exprimer qu'à suggérer. Lié d'amitié avec Rimbaud, il quitte son foyer pour partir en Angleterre et en Belgique avec lui. Pour avoir blessé son ami d'une balle de revolver, Verlaine est condamné à deux ans de prison en Belgique. Dans le texte *Le ciel est, par-dessus le toit,* le poète regarde par la fenêtre de sa prison. Sous son apparence de spontanéité parfaite, le poème est rigoureusement construit: aux impressions visuelles succèdent les impressions auditives. Verlaine nous fait sentir ce qu'il éprouve par la suggestion exprimée par la «musique des vers».

Compréhension du texte

1. Une nature paisible: ciel bleu, arbre dans la brise. La ville ou le village présent par le seul bruit d'une cloche.
2. Ce *on*, c'est d'abord l'auteur, mais aussi tous ceux qui peuvent voir le même paysage. Penché à la fenêtre de sa prison, il observe l'arbre qui domine le toit, le ciel, et devine la ville lointaine.
3. A la quatrième strophe. Le locuteur s'adresse à lui-même, à la deuxième personne du singulier.

4. Le locuteur se fait le reproche d'avoir gâché sa jeunesse. Le spectacle d'une nature harmonieuse et paisible, du bonheur possible à portée de la main rend plus amère et douloureuse son existence manquée.

5. Par exemple: «Bonheur perdu», «Nature en paix, âme en regrets», etc.

Analyse

6. Le poème est composé de 4 quatrains. Chacun d'eux est formé d'une alternance de vers de 8 pieds et de 4 pieds (de vers pairs). La description des trois premières strophes forme un contraste avec le monologue de la dernière strophe.

7. Les répétitions de mots et de structures (par ex. à la fin du 1er et 3ème vers de chaque strophe), de sons (oi-a), de rythmes, (rythme identique des deux premières strophes). Ces reprises traduisent un effet d'insistance du regard: la vision des objets décrits et retracés se précise, devient évidente. La régularité du rythme produit un effet d'harmonie et de mesure.

8. Les octosyllabes ne contiennent qu'une coupe au début du vers et celle-ci *détache* l'élément nommé. Ces éléments sont tous aériens. La deuxième partie du vers, plus longue (5 syllabes, l'accent d'intensité frappant la rime masculine) traduit le mouvement du regard qui s'élève tandis que le deuxième vers (4 syllabes) pose ce regard, achève le mouvement au moyen de l'enjambement. Cet ensemble du vers long et du vers court coïncide avec l'unité de la phrase. Il en résulte une impression de perfection. Chaque ensemble (deux par strophe) forme une image isolée sur laquelle se fixe le regard, mais tous se superposent dans la régularité du rythme: un seul tableau est dépeint, formé de plusieurs éléments. (On peut faire noter aux élèves que la simultanéité, évidente en peinture puisqu'on embrasse le tableau d'un seul regard, est rendue en poésie par le rythme qui refond les divers éléments).

Le ciél (est), // par-dessus le toît,
1 2 3   4   5 6 7 8
Si bleū, si câlme!
1   2   3   4

Un ar(bre), par-dessus le toît,
1 2 3   4   5 6 7 8
Bērce sa pâlme.
1   2   3   4

- ⌐ accents principaux
- – accents secondaires
- // coupe

- ( ) syllabe non accentuée préparant l'élan de la deuxième partie du vers.

9. La troisième strophe n'introduit qu'une modification rythmique, celle du premier vers. Les virgules précipitent le rythme binaire, manière de traduire l'émotion de l'observateur.

Mon Dieu, // mon Dieu, // la vie est là,
  1   2   3   4   5 6 7 8
simple et tranquille
 1 2   3   4

Ce rythme est plus bouleversé encore à la quatrième strophe. Il devient irrégulier, saccadé, marquant une rupture de l'harmonie du paysage, cassure intérieure du désespoir.

Qu'as-tu fait, // ô toi que voilà
  1   2 3   1 2   3   4 5
Pleurant sans cesse,
  1   2   3   4
Dis, // qu'as-tu fait, // toi que voilà
 1   2 3 4   5   6   7 8
De ta jeunesse?
 1 2 3   4

10. Les rimes en *wa* (toit) de la première strophe sont reprises dans la seconde (voit). L'effet de clarté qui en résulte est intensifié dans la première strophe par les rimes *calme* et *palme*, sonorités reprises dans le mot *«arbre»* (dans les deux strophes). L'effet produit est celui d'une vision claire, parfaitement détachée, sans bavure. On peut noter aussi l'importance du *l* (ciel, bleu, calme, cloche, ciel, l'arbre, plainte) et du *r*, consonnes liquides qui tempèrent les sonorités éclatantes et donnent leur douceur et leur fluidité au texte. Dans la deuxième strophe, les nasales des vers courts accentuent cette douceur.

11. La troisième strophe voit apparaître l'accumulation des voyelles aiguës, les rimes en *i* des vers courts, le *i* de *vie, paisible*. On peut y interpréter l'inquiétude du cri, la montée du gémissement dans un ensemble qui reste clair et paisible (allitérations en l, voyelles claires). Puis dans la quatrième strophe, la répétition du premier vers multiplie l'allitération en *k*, son dur, explosif, qui introduit une cassure du sens.

Commentaire

12. En général on regrette sa jeunesse parce qu'elle a été le temps du bonheur (liberté, santé, amours, etc.). On ne veut pas la perdre (Goethe, Faust). Elle a été le temps de l'innocence (Mauriac, *Nouveaux Mémoires inté-*

rieurs), de la pureté (Nerval) l'époque des aventures et des amours (A. Fournier, *Le Grand Meaulnes*), etc. Devenu adulte ou âgé, on a tendance à idéaliser cette jeunesse, à en analyser avec délice les souvenirs (Proust). Verlaine lui, ne regrette pas sa jeunesse, il regrette de l'avoir gâchée, de ne pas l'avoir vécue.

13. Par exemple: une époque d'«apprentissage» où on étudie un maximum de choses, une époque de liberté où les responsabilités (professionnelles, familiales) ne sont pas lourdes, le temps des expériences diversifiées et de la grande forme physique qui permet les exploits sportifs, etc.

Communication – créativité

14. Toute situation où l'on est ou se sent prisonnier de quelque chose (prison = toit; liberté = ciel).

15. Par exemple: devant la mer: la mobilité des vagues mouvantes, l'immensité de l'horizon peuvent faire prendre conscience d'un enracinement désagréable, faire naître le désir d'évasion. On peut voir, comme Baudelaire, un miroir de l'âme («Homme libre toujours tu chériras la mer»), etc.

16. Les propos recueillis en allemand, seront résumés et commentés en français.

B. Parodie

Durch die Parodie von Bacri werden die Schüler weiterhin für poetische Mittel sensibilisiert, da analysiert wird, wie durch Veränderung einzelner Schlüsselwörter unter Beibehaltung der äußeren Form (Strophenform, Lautung, Rhythmus), sich Sinn und Gesamteindruck des ursprünglichen Gedichtes verändern. Man kann weitere satirische bzw. parodische Gedichte von Roland Bacri im *Canard enchaîné* finden (siehe Einführung zu Text 10).

Compréhension du texte

1. Cible – Brûle au napalm – La fusée – teinte – De rouge et de noir le convoi – De cris – terrible – Espèce humaine – tuant – Je serre les fesses.

2. Ces mots appartiennent au champ lexical: *guerre, mort* soit directement (cible, brûler au napalm, etc.), soit indirectement d'après leur contexte (rouge = sang, noir = deuil, cris = cris de douleur ou de peur, serrer les fesses = avoir peur, etc.).

3. Le poète s'adresse aux êtres humains: ils passent leur temps à tuer et à avoir peur.

Analyse

4. Le poème de Bacri est une *parodie*. Il imite le poème de Verlaine et en détourne le sens. Mais cette parodie est *polémique*. Il s'agit de dénoncer la guerre. Le poème de Verlaine est lyrique: il exprime des sentiments personnels, intimes.

5. Vers 2: Si bleu / Cible (le *e* muet est prononcé dans le vers)
   Vers 4: Berce / Brûle (identité de 3 phonèmes), palme / napalm
   Vers 6: les homophones: tinte / teinte
   Vers 8: confusion homophonique de «qu'on voit» et «convoi»
   Vers 11: paisible / terrible (terminaison identique)
   Vers 14: Pleurant / Tuant (terminaison identique)
   Vers 16: la rime est conservée
   Effet obtenu: l'auditeur est troublé par la ressemblance des deux poèmes et l'apparition de termes si inattendus dans ce contexte très connu. Ces termes sont ressentis comme une anomalie.

6. L'intention est de rendre l'idée de guerre encore plus choquante. Cette «anomalie» du poème reflète la monstruosité de la tuerie. La vie paisible (le cadre du poème verlainien) est détruite par «l'espèce humaine». Le texte de Bacri veut montrer aussi l'inconscience des hommes bercés par la beauté et l'harmonie de leur petit univers personnel en leur faisant apparaître en filigrane, à travers le texte (l'écran de leur vie), ce qui se passe au-delà dans le monde.

Commentaire

7. Ce poème est très connu. Or, la parodie ne peut être perçue que lorsqu'on en connaît le support. Par ailleurs, son caractère harmonieux, le rythme berceur des premières strophes et la description de la vie paisible et pure se prêtent à merveille au détournement de sens opéré par Bacri. C'est la trame idéale du motif de la destruction.

8. On pense par exemple à certains films de violence et de guerre où apparaissent des paysages magnifiques et dont les scènes de tuerie et de bombardement restent esthétiques (certains films de Herzog, ou Apocalypse Now de F. Coppola). Ils risquent de faire oublier l'horreur de la guerre. On ne voit plus que la grandeur des scènes, la beauté violente du «rouge et du noir» qui teinte les convois: films d'esthètes, non de moralistes.

Communication – créativité

9. Arguments du détracteur. Par exemple: ce poème fait partie du patrimoine culturel. Appris par des générations de collégiens, il est allié dans leur esprit à des impressions, des sentiments, des idées qui font partie intégrante de

leur bagage culturel et personnel. C'est leur détruire ce «bien». C'est aussi l'œuvre d'un poète qui a réfléchi sur la portée de chaque mot et de chaque virgule qui est détruite par la parodie. C'est un manque de respect pour le poète et son œuvre. Arguments opposés: voir questions 6 et 7 (la fin justifie les moyens). Ou bien: tout texte publié et transmis de génération en génération est un bien public qu'on peut utiliser comme on veut.

19. Air vif

Dieses Gedicht ist ein Beispiel für moderne aber leicht verständliche Lyrik. Es geht hier darum, die Qualität des poetischen Textes durch andere Eigenschaften als die Merkmale von Maß, Rhythmus und Reim zu erfassen; das Poetische liegt hier vielmehr in der Dichte der Aussage, in der Fähigkeit der bildlichen Sprache, eine eigene Welt heraufzubeschwören.

L'auteur et son œuvre: Paul Eluard (1895–1952) appartient d'abord aux surréalistes. Ils lui fournissent les techniques d'une rénovation du langage libéré. Mais le surréalisme n'est pour Eluard qu'une étape. Le poète fait partie de l'humanité et peut et doit s'engager dans la vie politique de son pays (*Poésie et Vérité*, 1942–43; *Au Rendez-vous Allemand,* 1944). Sa poésie, faite souvent de mots très simples, reste ouverte aux images les plus surprenantes et les plus pures. Toute sa vie, il traite les grands thèmes lyriques par excellence; l'amour, la nature, le temps. Rencontrée en 1929, sa femme Nush sera la grande inspiratrice d'une poésie où l'amour de l'autre s'élargit à l'amour d'autrui. (*L'Amour, la Poésie*, 1929; *Poésie ininterrompue*, 1946; *Tout dire*, 1951).

Compréhension du texte
1. A la femme aimée (accord du participe passé au féminin et vers 11, l'étreinte).
2. Le poème exprime l'idée d'un amour indestructible, toujours présent.
3. Donc. Le dernier vers est une conclusion.
4. Sens premier de *vif:* vivant, en vie (par exemple dans les expressions *plus mort que vif, brûlée vive*). *Un air vif* est un air frais et pur qui ranime, fait du bien. Ici, l'air est animé d'une présence bien vivante, celle de la femme aimée que le poète «voit» partout. L'air, le monde est vivant. On rejoint donc le sens premier de l'adjectif.

Analyse

5. Malgré son absence de ponctuation et le manque de rimes, le poème reste classique par sa disposition en strophes, la mesure régulière des vers (tous impairs, de 7 syllabes), la reprise de termes et de structures telle qu'on l'avait par exemple observée chez Verlaine.

6. Ce texte de prose est une paraphrase de la première strophe du poème. Il en reprend les idées et les situations mais il les détaille et les explicite. Des précisions temporelles (la foule *du samedi matin, l'autre jour,* marchant *à l'aube, hier*) lui donnent un aspect narratif. Les lieux, juste cités dans le poème (Dans la foule, parmi les blés, sous un arbre) sont précisés (au bord d'un champ de blés, le grand chêne du pré). Les sentiments sont analysés: «Quel bouleversement, quel désarroi!» L'auteur indique ses réactions, précise ses pensées: «Je te vois partout». Ce texte, donc, semble dire la même chose, mais son langage est plus prolixe, plus utilitaire et directement communicatif.

Il pourrait par exemple s'agir d'une lettre.

7. Aucune précision de temps, de lieu. Pas de pittoresque: on notera l'absence d'adjectifs, de verbes copules, de conjonctions, de liaisons en général. Les phrases indépendantes sont courtes. L'essentiel, c'est la multiplication de la vision. Elle est exprimée par la répétition du «je t'ai vue» ainsi que par l'identité des constructions. Chaque phrase contient un complément de lieu (Dans la foule) précédant le «je t'ai vue». Le couple au centre de la phrase est aussi au centre du monde. Les idées donc, ne sont pas développées, elles sont montrées, voire mimées par la syntaxe.

L'universalité de la vision (la femme aimée occupe l'univers entier) est exprimée par des mots-symboles, capables de désigner tous les lieux du monde: foule = ville, blés = campagne cultivée, arbre = nature, puis des états d'esprits. Enfin, le vocabulaire est réduit à l'évocation des éléments: eau, feu, terre (la terre représentée par les saisons), air (titre). Enfin, les éléments eux-mêmes ne sont plus que les deux versants de la vie humaine: la réalité (Dans ma maison, Entre mes bras), et le rêve (Dans mes rêves).

8. Ce sont donc les reprises syntaxiques et lexicales qui donnent au texte sa cohésion. Elles lui prêtent un caractère de litanie, en font une incantation capable de faire surgir la présence appelée. Toutes ces phrases affirmatives amènent en effet à la négation (dernier vers) de l'absence. C'est aussi le réseau des mots (champ lexical des *lieux essentiels de la vie*) qui enserrent la présence au moyen des prépositions (dans, parmi, sous, au fond de, dans, entre, dans) et en font un élément central (comme le *te* dans la proposition «je t'ai vue») plus rarement un but (au bout de, au tournant de). D'autre part ces mots constituent un système d'oppositions destiné à montrer *toutes*

les faces de la vie: eau/feu – tourments/rires – foule/arbre – été/hiver – intérieur (maison)/extérieur (première strophe) – réalité/rêve. Enfin, l'absence d'adverbes et de conjonctions, loin de créer un effet de dispersion, contribue à la juxtaposition des lieux, donc à créer un effet d'ubiquité des personnages: la femme aimée est partout à la fois. A partir de mots concrets, Eluard parvient à créer une «respiration» (air vif) invisible du monde. Celui-ci devient un univers recréé par le poète, au seul moyen des mots. (A noter que le poème n'exprime pas ici une vision particulière, personnelle du monde réel, mais qu'à partir des *mots* qui le désignent, il en crée un autre, construit autour de la présence de l'aimée).

9. Faire rechercher ici les connotations attachées à telle ou telle image, le «film» qui se déroule dans la tête du lecteur. On constatera que si chacun des vers dit bien quelque chose et suggère une image parfois très forte, le poème ne tient sa valeur d'évocation que de leur imbrication, c.-à-d. du jeu des énumérations, antinomies, etc. (voir q. 7 et 8).

Commentaire

10. Un amour qui emplit le monde, se communique à lui, lui donne ses couleurs. Total donc et indestructible, il est situé au-delà des limites du temps et de l'espace.
11. Réponses personnelles des élèves. Qu'est-ce que la fidélité? Peut-on prévoir sa propre évolution, celle de l'autre?

Communication – créativité

12. Par exemple: je ne pourrai plus te fuir, tu ne me quitteras plus.
13. Travail de groupe. A signaler: «L'amour, l'amitié en poésie», folio junior, Gallimard, 1981.
14. On peut dire ce poème à plusieurs voix, avec accompagnement musical.

20. La vie augmente

In dem Gedicht von Guillevic wird ein weiterer Aspekt der poetischen Tätigkeit gezeigt: das Spiel mit Worten, die reaktiviert zu einem neuen Leben erweckt werden. Eine ähnliche Erweiterung eines gewöhnlichen Ausdrucks kann man in dem Gedicht «L'enfant qui battait la campagne» von Claude Roy (*Enfantasques*, Ed. Gallimard) behandeln. Zum Thema »magische Kraft des Wortes« eignet sich auch sehr gut ein Text aus *la Maison de Claudine* von Colette, aus dem Kapitel «Le curé sur le mur»: «Le mot presbytère venait de tomber ...».

L'auteur et son œuvre: Eugène Guillevic (né en 1907 en Bretagne) mêle une sensibilité immédiate à la nature et aux objets quotidiens à une conscience aiguë des luttes sociales et politiques des hommes contemporains.

Compréhension du texte

1. La vie devient plus chère: il faut payer plus pour toutes les choses de la vie, nourriture, essence, etc.
2. *devient plus vaste, se sont mis à monter par-dessus les nuages, voyager* (aller plus loin, circuler au loin), *des jours entiers* (augmentation du temps).
3. Il s'agit de la vie biologique, du corps (des femmes qui «grandissent et s'élargissent», des amants dont la puissance amoureuse s'accroît), des plantes (les arbres poussent démesurément, les fleurs s'évasent de manière fantastique).
4. Le terme a son acception habituelle: vivre sans grands moyens financiers, modestement, dans la simplicité.

Analyse

5. La fonction métalinguistique est centrée sur le code. Elle sert à donner des explications ou des précisions sur les termes utilisés par le destinateur. Ici, le poète part d'une expression (vers 1 et 2) qu'il va expliquer. Il dissipe d'abord un malentendu (les sens que n'ont pas l'expression) (vers 2–10) puis donne l'acception habituelle du mot (vers 11–13).
6. Au lieu de comprendre le mot «vie» dans son sens second de «moyens matériels d'assurer la subsistance» (son sens dans l'expression «la vie augmente»), le poète développe son sens premier, utilisé en biologie: «ensemble des phénomènes de croissance, métabolisme, reproduction, que présentent tous les organismes ...» (Petit Robert). A partir de là, il change complètement le sens de l'expression et le rapprochement du mot «vie» et du verbe «augmente» crée des images tout à fait inattendues.
7. Un ton d'humour, celui du jeu de mots, mais un humour tendre (grâce au choix des images poétiques), délicat.
8. En opposant le sens «imaginaire» de l'expression à son sens habituel, banal, quotidien, Guillevic fait contraster le monde de la poésie et celui, prosaïque, de la vie quotidienne. C'est l'esprit du poète qui s'élève, s'envole avec ces femmes ou arbres magiques. Mais – pour survivre – il est bien obligé de remettre les pieds sur terre.

Commentaire

9. Il s'agit d'un poème pour tous ceux qui ressentent le désir d'une vie plus forte, plus profondément poétique et se sentent souvent à l'étroit dans leurs

vêtements «de semaine». Pour tous ceux aussi qui aiment jouer avec les mots.

10. Réponses personnelles des élèves qui pourront éventuellement commenter en français des expressions allemandes.

11. Par exemple: la vie du cœur augmente: l'amitié devient plus forte, l'amour moins égoïste, la solidarité plus générale. Tout ce qui est négatif et destructif diminue, les relations oppresseurs-opprimés, l'avarice n'existent plus. La nature, végétation et animaux, redevient ce qu'elle était, etc.

Communication – créativité

12. Des sources jaillissent dans le Sahara, les étoiles se multiplient, les parents ont vingt enfants, etc.

13. Par exemple: jouer avec le feu, ce n'est pas cracher des flammes comme un fakir ni sauter à travers un cerceau enflammé comme au cirque, ni jongler avec des torches pour recueillir les applaudissements, non, c'est seulement, loin de tout feu, courir le risque de se faire doucher.